LES

ANGLES DU DIVORCE

COMÉDIE EN CINQ ACTES

Représentée pour la première fois, sur le théâtre de l'Athénée,
le 23 mai 1902.

DU MÊME AUTEUR

In Extremis, saynète, (*Théâtre Indépendant,* 28 avril 1888).
1 br. Pierre Andréol, 1888.

Monsieur Bute, pièce en 3 actes, (*Théâtre Libre,* 26 novembre 1890). 1 vol. Tresse et Stock, 1890.

L'Affranchie, comédie en trois actes, (*Théâtre Libre,* 3 novembre 1892).

Les Petites, pièce en 3 actes, (*Théâtre Antoine,* 20 mars 1902). 1 vol. Librairie Théâtrale, 1902.

MAURICE BIOLLAY

LES
ANGLES DU DIVORCE

COMÉDIE EN CINQ ACTES

PARIS

LIBRAIRIE THÉATRALE

30, RUE DE GRAMMONT, 30

1903

A MON PÈRE

ET

MA MÈRE

Bien modeste témoignage

d'affection et de respect.

PERSONNAGES

RENNELEY . . . . MM. ROUYER.
NÉRIS, père de Germaine . . . . . . BULLIER.
LEBERTIN, père de Simonne . . . LÉVESQUE.
LORD DRIVER, beau-père de Si-
   monne. . . . . TRÉVILLE.
GOURLAN, beau-père de Germaine. FREY.
JANZÉ. . . . . SCHULTZ.
DE BRAC. . . . . BARRELET.
CHÉRUETTE, avocat. . . . . DAYLE.
FLAMBOIN. . . . . ANDRÉYOR.
BOLLARD . . . . FRÉMONT.
UN DOMESTIQUE. . . . . CHARLEY.

SIMONNE LEBERTIN. . . . . Mᵐᵉˢ DULUC.
GERMAINE NÉRIS . . . . CLAIRVILLE.
CLAIRETTE LOISELLE, nièce de
   Lebertin . . . . DALWIG.
MADAME LEBERTIN, belle-mère
   de Simonne. . . . . MARTHE ALEX.
MADAME GOURLAN, mère de Ger-
   maine. . . . . AEL.
LADY DRIVER, mère de Simonne. DELISLE.
PAULINE. . . . . DAMIROFF.
MADAME BOLLARD. . . . . EDMÉE GUY.

INVITÉS, etc.

De nos jours, les deux premiers actes, à Paris ; les trois
autres, à Saint-Jean-de-Luz.

Musique de scène de M. Antoine BANÈS.

Pour les détails de la mise en scène, s'adresser à M. AUBERT,
régisseur de l'Athénée.

LES ANGLES DU DIVORCE.

ACTE PREMIER

A Paris, chez les Lebertin : un salon ; ameublement sévère
et témoignant d'un état de fortune assez médiocre.

SCÈNE PREMIÈRE

LEBERTIN, MADAME LEBERTIN.

LEBERTIN.

Ma chère amie, vous n'avez rien à vous reprocher.
Vous avez toujours traité ma fille comme si elle
eût été la vôtre, et de cela je vous sais un gré infini.
Mais je vous ai épousée ; je me suis remarié : voilà
ce que Simonne ne me pardonne pas.

MADAME LEBERTIN.

Vous auriez été veuf au lieu d'être divorcé que
nous en serions, à cet égard, au même point.

LEBERTIN.

Non pas. Vous avez beau me pallier les choses

pour ne pas m'irriter : ce qui aggrave la situation, c'est que la mère de Simonne, contre qui j'ai obtenu le divorce, s'est ingéniée à me contrecarrer de toutes manières, depuis qu'elle s'est remariée, de son côté, avec cet Anglais, ce Lord Driver... Elle a flatté Simonne, elle l'a gâtée, et il ne m'a plus été réservé que le rôle ingrat de l'éducateur.

MADAME LEBERTIN.

Il me semble que vous ne l'avez pas si mal rempli, ce rôle-là.

LEBERTIN.

Erreur! Je n'y ai pas montré les qualités nécessaires. J'aurais dû vaincre mes rancunes. Je ne l'ai pas pu. Je me suis aigri. C'est un grand tort. Comment, aussi, ne pas se dépiter quand la loi elle-même se tourne contre vous ; quand, après vous avoir confié la garde de l'enfant comme au plus digne, avec toutes les charges, toutes les responsabilités civiles et morales, elle vous oblige, dans le jugement, à envoyer cet enfant, à jours fixes et durant un mois chaque année, dans un milieu qu'elle vous sait hostile et où il vous est défendu de pénétrer ! (se levant.) Mais ne récriminons pas. Cela ne ferait que m'énerver, et ce n'est pas le moment. Examinons plutôt la situation de sang-froid.

MADAME LEBERTIN.

C'est tout à fait mon avis.

LEBERTIN.

Le guide sûr et bienveillant, que j'aurais voulu être pour ma fille, Renneley le sera. J'en ai la conviction. C'est un esprit judicieux, un homme énergique, un garçon de talent — puisque sa musique est appréciée des connaisseurs — je ne vois pas, avec la fortune qu'il a, de meilleur mari pour Simonne.

MADAME LEBERTIN.

En effet, autour de nous...

LEBERTIN.

Et ce n'est pas dans le monde de Lady Driver que Simonne trouvera un mari à ma convenance.

MADAME LEBERTIN.

C'est évident.

LEBERTIN.

De plus, à un point de vue très égoïste, j'ai une raison sérieuse de désirer ce mariage. Vous n'avez pas oublié que, grâce à mes recommandations, Renneley s'est fait jouer par la Société des Concerts. Il m'en a toujours témoigné de la reconnaissance, et je suis persuadé que, dans le fond, il éprouve pour moi quelque sympathie. Qui sait s'il ne réagira pas contre certaines influences, et si, un jour, il ne me ramènera pas Simonne?

MADAME LEBERTIN.

On peut, au moins, l'espérer.

LEBERTIN.

Vous n'êtes pas encourageante.

MADAME LEBERTIN.

Je crois qu'il faut vous garder de trop d'illusions. Au surplus, Simonne ajourne sa réponse.

LEBERTIN.

Cependant, il est visible que Renneley ne lui est pas indifférent.

MADAME LEBERTIN.

Vous pouvez même dire qu'il lui plaît. Mais...

LEBERTIN.

Mais?...

MADAME LEBERTIN.

Mais ce qui nous le rend sympathique, tient justement les autres en défiance. On craint qu'il n'agisse
trop en votre faveur, et peut-être pèse-t-on sur la
décision de votre fille.

LEBERTIN.

C'est ce que je me dis, et ce dont j'enrage. Mais le
moyen de remédier à cela !

MADAME LEBERTIN.

Il y aurait bien un moyen, si vous l'osiez.

LEBERTIN.

Lequel ?

MADAME LEBERTIN.

Je connais quelqu'un qui interviendrait.

LEBERTIN.

Qui ça ?

MADAME LEBERTIN.

Madame Gourlan.

LEBERTIN.

Elle est reçue chez les Driver ?

MADAME LEBERTIN.

Oui.

LEBERTIN.

Tiens! tiens! j'ignorais...

MADAME LEBERTIN.

Oubliez-vous que son mari dirige la Paternelle,
dont Lord Driver est un gros actionnaire. Les Gourlan vont chez les Driver, parce qu'ils y sont forcés.

LEBERTIN.

Dites que les Driver sont riches, vous serez plus près de la vérité. On s'amuse chez eux : voilà qui explique tout.

MADAME LEBERTIN.

Eh ! quand cela serait ! Qu'est-ce que vous vous reprochiez tout à l'heure ? Allons ! triomphez de vos rancunes, et profitez de l'occasion : vous la regretteriez.

LEBERTIN.

Soit. Qui vous prouve que madame Gourlan soit bien disposée en notre faveur?

MADAME LEBERTIN.

Ceci : que madame Gourlan se trouve vis-à-vis de M. Néris, dont elle est divorcée, dans une situation analogue à la vôtre, vis-à-vis de Lady Driver, et qu'en pareilles circonstances on est plus incliné à s'entraider qu'à se nuire.

LEBERTIN.

Vous croyez que M. Néris agit sur l'esprit de sa fille Germaine, de la même façon que Lady Driver sur celui de Simonne ?

MADAME LEBERTIN.

Eh ! assurément ! Mais encore supposons que je me trompe, vous savez que Germaine est la meilleure amie de Simonne. De ce côté du moins on pourrait tenter quelque chose ?

LEBERTIN.

Oui. Vous avez peut-être raison. Pourtant, la démarche est si délicate, et pour moi si humiliante, que j'ai besoin d'y songer.

MADAME LEBERTIN.

C'est votre droit. (simonne paraît.) Chut! Simonne !

SCÈNE II

Les Mêmes, SIMONNE.

SIMONNE, riant.

Je vous dérange?... Vous ressemblez à des conspirateurs !

LEBERTIN.

Nous causions de toi, mon enfant.

SIMONNE, riant.

J'aurais dû m'en douter. Vous avez des mines si longues, si longues!...

LEBERTIN.

Veux-tu être sérieuse durant cinq minutes ?

SIMONNE.

Cinq minutes, c'est beaucoup. Je t'en accorde trois, pas plus !

LEBERTIN.

Il ne m'en faut pas davantage. As-tu réfléchi à la proposition que je t'ai faite ?

SIMONNE.

J'y ai réfléchi, oui.

LEBERTIN.

Eh bien?...

SIMONNE.

Eh bien, M. Renneley ne me déplaît pas.

LEBERTIN.

Bon ! tu acceptes ?

SIMONNE.

Oui et non. Cela dépendra.

LEBERTIN.

De quoi ?

SIMONNE.

C'est affaire entre M. Renneley et moi. Tu m'autorises à causer avec lui, avant de te donner une réponse ?

LEBERTIN.

Sans doute. Je l'attends justement cet après-midi.

SIMONNE.

Tu me l'améneras. (souriant.) Je ne le mettrai pas
à la torture.

LEBERTIN.

Tu feras bien. Tu as sous les yeux l'exemple de ta
cousine Clairette Loiselle. La voilà divorcée après
deux ans de mariage, parce qu'elle n'a pas plus de
cervelle qu'une alouette. Ne la prends pas pour mo-
dèle.

SIMONNE.

Pardon. Tous les torts étaient du côté de son mari.

LEBERTIN.

Oh ! ça !...

SIMONNE.

Les torts sont toujours du côté du mari.

LEBERTIN.

Si tu entres en ménage avec ces idées-là !...

SIMONNE.

Ce n'est pas ma faute. Je juge d'après ce que je sais, d'après ce que je vois.

LEBERTIN.

Ah! ah! vraiment!

SIMONNE, qui joue avec une de ses bagues.

Que veux-tu? Je compare.

LEBERTIN, comprenant.

Bon! Bon!

Un temps.

SIMONNE, malicieusement.

Qu'est-ce que tu regardes?

LEBERTIN.

Mais... cette bague. Je ne te la connaissais pas. Où, diable! l'ai-je aperçue?

SIMONNE.

Rue Royale, un soir. Tu ne te rappelles pas? Elle me tentait. Tu n'as pas voulu me l'acheter.

LEBERTIN.

Je me souviens maintenant. Je ne pouvais pas.

SIMONNE, d'un ton de doute.

Oh! oh!... (Négligemment.) C'est maman qui me l'a donnée.

LEBERTIN, après avoir échangé un regard avec sa femme.

Il faut m'excuser, mon enfant : je ne suis pas riche.

SIMONNE.

Oh! tu dis ça !...

LEBERTIN.

Et puis, ce n'est pas une bague de jeune fille.

SIMONNE.

Allons donc ! tu ne me feras pas croire que tu t'y connais mieux que maman.

LEBERTIN, se contenant.

Soit. Je ne te défends pas de la porter. C'est tout ce que tu désires ?

SIMONNE, lui faisant la révérence.

Grand merci !

LEBERTIN, à sa femme.

Je vais fumer. Ça me détendra les nerfs.

MADAME LEBERTIN.

Pensez à ce que je vous ai offert.

LEBERTIN.

Oui. Nous en recauserons tout à l'heure.

SCÈNE III

MADAME LEBERTIN, SIMONNE,
puis GERMAINE.

MADAME LEBERTIN.

Suivez-le donc ! Courez vite l'embrasser !.. Vous lui avez fait tant de peine, sans le vouloir.

SIMONNE.

C'est lui qui m'a gâté mon plaisir.

MADAME LEBERTIN.

Pardonnez-lui quelque chose.

SIMONNE.

Nous verrons — quand il reviendra !

Entre Germaine.

SIMONNE, allant à la rencontre de Germaine.

Germaine !

GERMAINE, embrasse Simonne, puis serre la main de madame Lebertin.

Madame.

MADAME LEBERTIN.

Nous ne verrons pas votre mère ?

GERMAINE.

Si, madame. C'est elle qui m'a déposée à votre porte, en conduisant Emile au collège. Et elle viendra me reprendre.

MADAME LEBERTIN.

Alors, je vous laisse avec Simonne. (A Simonne.) Je vais causer avec votre père : vous n'avez rien à lui dire ?

SIMONNE.

Non.

Madame Lebertin sort.

SCÈNE IV

SIMONNE, GERMAINE.

GERMAINE, très vivement, dès que madame Lebertin est sortie.

Eh bien ? As-tu réussi ?.. verrai-je papa, demain soir ?

SIMONNE.

Maman a invité M. Néris, devant moi.

GERMAINE.

Ah! ma petite Simonne! quelle bonne soirée je te devrai !

SIMONNE, malicieusement.

Tu danseras ?

GERMAINE.

Oh!.. est-ce bien nécessaire ?

SIMONNE, gaîment.

Non. J'ai averti maman. Voici nos conventions : ton père arrivera de bonne heure, je l'installerai dans le cabinet de mon beau-père, et, sitôt que tu seras là, c'est moi qui te l'amènerai.

GERMAINE.

Je ne sais comment te remercier.

SIMONNE.

Ne me remercie pas. J'ai lutté dans l'intérêt commun. Parce que nos parents ont eu entre eux des querelles, qui leur demeurent personnelles, on nous impose de vivre avec l'un, et de ne nous rencontrer avec l'autre que de loin en loin, et le moins long-temps possible. C'est une prétention ridicule. Notre droit est d'aimer qui bon nous semble.

GERMAINE.

L'affection ne se commande pas.

SIMONNE.

C'est aux jaloux à faire oublier ceux qui les in-quiètent, en se montrant plus tendres, plus atten-tionnés qu'eux. Grâce au ciel, nous ne sommes plus de petites filles.

GERMAINE, songeuse.

J'atteindrai ma majorité, moi, dans deux cent cinquante-trois jours, et des minutes.

SIMONNE.

Tu as compté?

GERMAINE.

Oui.

SIMONNE.

Tu formes donc de grands projets pour le jour où tu seras majeure?

GERMAINE.

Oui.

SIMONNE.

Voyez-vous ça, avec cette figure paisible!.. Et tu as résolu?..

GERMAINE.

J'ai résolu de vivre avec mon père.

SIMONNE.

Non?

GERMAINE.

C'est une idée arrêtée.

SIMONNE.

Ton père le sait?

GERMAINE.

Pas encore.

SIMONNE.

Eh bien, il n'est que temps!.. Réfléchis. Tu n'iras pas te mettre à sa discrétion.

GERMAINE.

J'ai confiance en lui.

SIMONNE.

Le connais-tu bien? C'est son intérêt de te cajoler aujourd'hui, et cela lui est facile : il te voit si rare-

ment! Mais lorsque tu te seras fermé la maison
de ta mère...

GERMAINE.

Tu lui prêtes des calculs!..

SIMONNE.

Qui te révoltent? Nous sommes payées cependant
pour nous méfier. A-t-on jamais pensé à nous autrement que par surcroît?

GERMAINE.

Tu es d'un scepticisme!..

SIMONNE.

Trop justifié. Va, crois-moi, pour réagir contre
toute idée de domination, il n'est rien de tel que de
s'assurer des points d'appui au dehors.

GERMAINE.

C'est possible.

SIMONNE.

Ça m'a toujours réussi, à moi.

GERMAINE.

Je ne dis pas. Mais ma situation est bien diffé-
rente de la tienne et, si j'ai hâte d'en finir, c'est que
je souffre et que je sens qu'autour de moi tout le
monde ne souffre pas moins. Je ne suis pas, comme
toi, une fille unique. Ma mère a eu des enfants de
son second mariage ; les voilà grands : ils savent
que mon père vit, que je le vois certains jours ; et
ces jours-là, quand je rentre, on cherche son visage
dans mes yeux, comme dans mes paroles un écho
des siennes. J'ai beau cacher ma joie : elle transpa-
raît; je surprends des regards anxieux et irrités; je
rougis de la curiosité de mes frères : j'ai l'impression qu'au cercle de famille je ramène un fantôme
injurieux.

SIMONNE.

Si tu crois que papa et ma belle-mère ne me font pas la mine quand je reviens de chez maman, ou quand il m'arrive de prononcer son nom devant eux !..

GERMAINE.

Quoi? tu oses?..

SIMONNE.

J'y éprouve un plaisir... qui t'étonne... qui me révolte contre moi-même... mais auquel je ne saurais résister. C'est comme un instinct qui me pousse. Que veux-tu? Ce n'est pas que je sois mauvaise ; mais, sous mes apparences gaies, j'ai peut-être souffert plus qu'une autre. J'ai trop d'amour-propre, sans doute, ou on m'a déformé le caractère : je ne peux pas pardonner.

GERMAINE.

Pourtant ton père a l'air assez bonhomme.

SIMONNE.

C'est lui qui a voulu le divorce. Comment l'oublierais-je ? Et puis, il s'est remarié.

GERMAINE.

Ta mère, aussi, s'est remariée.

SIMONNE.

C'est papa qui s'est remarié, le premier.

GERMAINE.

Ta belle-mère n'est pas méchante.

SIMONNE.

Elle occupe la place de maman.

GERMAINE.

Je comprends !

SIMONNE.

Et alors, quand même elle serait bien intention-
née, je ne lui passe ni un mot ni un geste... Tiens,
devant elle, tout à l'heure, je montrais cette bague
à papa (Elle tire la bague de son doigt et la donne à Germaine qui l'examine.) — un cadeau de maman — Eh
bien, de loin, l'air détaché, et le sourire aux lèvres,
elle m'exaspérait.

Introduite par la bonne, madame Gourlan vient d'entrer ;
elle descend.

SCÈNE V

Les Mêmes, MADAME GOURLAN, puis MADAME
LEBERTIN.

MADAME GOURLAN.

Que faites-vous admirer à Germaine ?

GERMAINE.

Cette bague, maman.

MADAME GOURLAN, prenant la bague.

Ah ! très jolie !

SIMONNE.

N'est-ce pas que maman a du goût ?

MADAME GOURLAN, gênée, rendant la bague.

Infiniment.

Entre madame Lebertin.

SIMONNE, à mi-voix, avec une pointe de raillerie.

Ne le dites pas devant ma mère.

MADAME LEBERTIN.

On m'avertit seulement...

MADAME GOURLAN.

J'arrive.

MADAME LEBERTIN, à mi-voix.

Vous ne pouvez arriver plus à propos. J'ai un service à vous demander.

MADAME GOURLAN, de même.

A votre disposition.

MADAME LEBERTIN, haut.

Simonne.

SIMONNE.

Ma mère?

MADAME LEBERTIN.

Montrez donc à Germaine votre panneau de tapisserie.

SIMONNE.

Volontiers. (A Germaine.) Viens-tu ? (A mi-voix.) Nous les gênons. Sais-tu pourquoi ?

GERMAINE, de même.

Non.

SIMONNE, de même.

On veut me marier.

Elles sortent.

SCÈNE VI

MADAME LEBERTIN, MADAME GOURLAN.

MADAME GOURLAN.

De quoi s'agit-il ?

MADAME LEBERTIN.

Ma chère amie, j'irai droit au fait. Nous redoutons

quelques taquineries au sujet d'un mariage qui nous conviendrait pour Simonne. Vous êtes en relation avec Lady Driver. La connaissez-vous assez, pour lui suggérer certaines idées, ou tout au moins pour trouver avec elle un terrain d'accommodement ?

MADAME GOURLAN.

Vous m'embarrassez. Je suis en relation avec Lady Driver. Cela est vrai J'accepte ses invitations, parce qu'il faut mener Germaine au bal. Mais je la connais peu. C'est plutôt nos maris qui sont liés.

MADAME LEBERTIN.

Vous avez l'air de vous excuser !.. Je ne vous blâme pas le moins du monde : vous êtes libre de fréquenter qui vous plaît. Aussi bien, je n'ai qu'à me féliciter de vos rapports avec Lady Driver, puisqu'ils vous permettent d'intervenir utilement entre elle et nous. Vous pouvez donc me répondre en toute franchise.

MADAME GOURLAN.

Vous craignez que Lady Driver ne veuille assister au mariage ?

MADAME LEBERTIN.

Oh ! pour ceci... il est certain qu'elle l'exigera. C'est l'occasion d'une revanche !.. Mais je la lui abandonne. Je m'effacerai, de bonne grâce, devant la mère.

MADAME GOURLAN.

En ce cas le plus difficile est fait !..

MADAME LEBERTIN.

Croyez-vous ?.. Ne reste-t-il pas à obtenir de Lady Driver qu'elle n'abuse pas de son influence sur Simonne, pour contrecarrer nos projets ?

MADAME GOURLAN.

Du moment que sa vanité sera satisfaite, je doute que Lady Driver se montre très exigeante. Elle n'a guère de cervelle, comme vous savez, et ce n'est pas d'une hypertrophie du cœur qu'elle mourra. Du reste, ni elle, ni son mari, ne possèdent aucune autorité sur Simonne : ils la gâtent trop. Ils ne cherchent qu'à l'amuser et à lui complaire. C'est fort bien pour vous être désagréable et détacher l'enfant de vous... — je vous en parle en connaissance de cause, puisque M. Néris, le père de Germaine, a adopté la même politique, à mon endroit — mais pour ce qui est d'imposer leur volonté, quand l'intérêt de l'enfant est en jeu, il en va tout autrement. Vous pouvez en être convaincue.

MADAME LEBERTIN.

La question est de savoir comment les enfants en - visagent leur intérêt..

MADAME GOURLAN.

Mon Dieu, s'il s'agissait de Germaine, je vous avoue que j'aurais des inquiétudes, car elle es t rêveuse et passionnée, malgré ses airs tranquilles. Mais Simonne !.. Simonne qui est la jeune fille la plus pratique que je connaisse !..

MADAME LEBERTIN.

Je vois que votre siège est fait. Je n'insiste pas.

MADAME GOURLAN.

Ecoutez, ma chère amie. Je me suis mise à votre disposition ; je ne m'en dédis pas : je tenterai près de Lady Driver toutes les démarches que vous jugerez nécessaires, et rien ne me certifie que je ne réussirai pas. Toutefois, j'en reviens là : la situation

est trop épineuse pour risquer une fausse manœuvre ;
méfiez-vous.

MADAME LEBERTIN.

Il n'y a pas d'autre solution.

MADAME GOURLAN.

Eh bien, comptez sur moi.

SCÈNE VII

LES MÊMES, MADAME LOISELLE, introduite par la
bonne ; puis, SIMONNE et GERMAINE.

MADAME LOISELLE, allant à madame Lebertin.

Bonjour, tante. Mon oncle va bien ? (Regardant au -
tour d'elle.) Je n'aperçois pas Simonne ?

MADAME LEBERTIN, montant pour parler à la bonne.

On va la prévenir.

MADAME LOISELLE, reconnaissant madame Gourlan et
allant à elle.

Madame Gourlan ! Ah ! qu'il y a longtemps...

MADAME GOURLAN, saluant froidement.

Madame.

Un temps.

MADAME LEBERTIN, redescendant, à madame Gourlan.

Vous ne reconnaissez pas Clairette ?

MADAME GOURLAN, avec une certaine hauteur.

Si fait. Si fait. Mais elle a quelque chose de
changé ?...

MADAME LEBERTIN, souriant, à mi-voix.

Oui. Elle est divorcée... comme vous !

MADAME GOURLAN, moqueuse.

C'est cela. Je me disais : elle y voit mieux.

Elle remonte. Entrent Simonne et Germaine.

MADAME LEBERTIN, à madame Loiselle, à mi-voix.

Tu ne la saluais donc pas avant ton divorce ?

MADAME LOISELLE.

Tiens! Une divorcée!... Est-ce que je supposais!...

SIMONNE, à madame Gourlan, au fond.

Vous l'emmenez déjà? (Elle aperçoit madame Loiselle.) Clairette! (Elle descend sans écouter la réponse de madame Gourlan.) Bonjour. Eh bien, cette indépendance, elle ne te pèse pas?...

MADAME LOISELLE.

Je ne me suis jamais sentie plus légère!

MADAME GOURLAN, à madame Lebertin.

Qu'est-ce que cela doit être?

GERMAINE, qui est descendue, à Simonne.

Au revoir. (A mi-voix.) A demain.

SIMOENE, à mi-voix.

A demain.

Elle redescend. Madame Gourlan et Germaine sortent, accompagnées par madame Lebertin.

SCÈNE VIII

SIMONNE, MADAME LOISELLE, puis MADAME LEBERTIN.

MADAME LOISELLE.

Vite! Je ne viens que pour te remercier! Je suis

allée chez ta mère, comme tu me l'avais conseillé,
et elle m'a reçue... ah! ma petite Simonne, quelle
femme supérieure! L'a-t-on assez calomniée!...

SIMONNE.

Et mon beau-père, tu le trouves?...

MADAME LOISELLE.

Charmant. Oh! charmant. Fin, distingué, homme
du monde. Il faut avouer que ton père, à côté...

Rentre madame Lebertin.

SIMONNE, vivement, voyant rentrer sa belle-mère.

Hum !

MADAME LOISELLE, continuant, sans rien voir.

Je suis invitée chez eux, demain. Il paraît qu'on
s'amusera.

MADAME LEBERTIN.

Chez qui?

SIMONNE.

Chez maman.

MADAME LEBERTIN.

Ah!...

MADAME LOISELLE, vivement.

Tu ne raconteras pas à mon oncle?...

MADAME LEBERTIN, souriant.

Veux-tu le lui apprendre, toi-même?

MADAME LOISELLE.

Il est ici? Je me sauve! La dernière fois, il m'a
fait tant de morale que j'en ai été triste pendant
deux jours... Du reste, je n'étais montée que pour
remercier Simonne.

MADAME LEBERTIN.

Ah! c'est Simonne?...

MADAME LOISELLE.

J'espère que vous n'allez pas la gronder?

MADAME LEBERTIN.

Pourquoi la gronderais-je? Je suis sûre qu'elle n'avait que de bonnes intentions...

MADAME LOISELLE, à Simonne.

A demain, alors...

SIMONNE.

A demain.

MADAME LOISELLE, à madame Lebertin...

Et à bientôt, tante...

MADAME LEBERTIN.

A bientôt, écervelée !

Madame Loiselle sort.

SCÈNE IX

SIMONNE, MADAME LEBERTIN.

MADAME LEBERTIN, doucement.

Votre père sait-il que vous désirez aller à ce bal?

SIMONNE.

Non.

MADAME LEBERTIN.

Voulez-vous que je lui parle pour vous?

SIMONNE.

Non, merci.

MADAME LEBERTIN.

Il vaudrait mieux cependant l'avertir dès aujour-d'hui. Ce serait plus convenable.

SIMONNE.

Encore une fois, je vous remercie. J'ai mon idée.

MADAME LEBERTIN.

Est-ce qu'elle aurait quelque rapport avec la réponse que vous devez donner à M. Renneley?

SIMONNE.

C'est probable.

MADAME LEBERTIN.

En ce cas, je souhaite que tout marche à votre gré, car il n'y a rien qui réjouirait plus votre père qu'une réponse favorable.

SIMONNE:

Je le sais.

Entrent Lebertin et Renneley.

SCÈNE X

Les Mêmes, Lebertin, Renneley.

LEBERTIN.

Ma chère enfant, tu m'as prié de t'amener M. Renneley. Le voici. (Renneley qui a salué madame Lebertin, salue Simonne qui lui répond par une inclination de tête et un sourire aimable.) Je t'ai dit tout le bien que je pense de lui. C'est de toi seule maintenant que dépend l'avenir.

SIMONNE.

Oh! de moi seule!... Je crains que M. Renneley ne me juge sur les apparences. Quand il me connaîtra mieux...

RENNELEY.

Je ne vous en estimerai que davantage, mademoiselle. J'en ai la certitude.

LEBERTIN, à la femme.

Venez, mon amie. (A Simonne et à Renneley.) Nous vous laissons causer. Décidez vous-même de votre sort.

Il sort avec sa femme.

SCÈNE XI

RENNELEY, SIMONNE.

SIMONNE.

Je dis bien que vous ne me connaissez pas. Je suis sauvage, fantasque. J'ai un caractère déplorable.

RENNELEY.

Ce qui signifie que vous ne manquez pas d'originalité. Mais je l'ai remarqué, mademoiselle. Ce n'est pas un de vos moindres charmes.

SIMONNE.

Pour celui qui me voit aujourd'hui et qui m'oubliera demain. Oui. Mais pour un mari? Pour mon mari! J'ai peur de paraître plutôt mal élevée.

RENNELEY.

Quelle idée vous faites-vous donc des maris?

SIMONNE.

Une très fâcheuse idée, je vous l'avoue. J'aime trop mon indépendance pour vous répondre autrement.

RENNELEY, souriant.

Vous croyez encore au despotisme des maris ?
Mais il n'y a plus que la Russie qui ait des monar-
ques absolus, et l'on vit très bien en République.

SIMONNE, souriant.

Oh ! très bien !... on se querelle beaucoup.

RENNELEY.

Avec de l'affection et de l'estime réciproques, on
finit toujours par s'entendre.

SIMONNE.

Encore faut-il qu'il y en ait un qui cède. Et je sens
que j'ai un caractère à ne jamais céder.

RENNELEY.

Je vous donnerai l'exemple. Ayez confiance.

SIMONNE, sérieuse.

Non. Vous aimez trop papa.

RENNELEY.

Vous pensez que je n'aimerai pas votre mère?

SIMONNE.

Oui.

RENNELEY.

Eh bien, mademoiselle, je suis heureux de m'ex-
pliquer sur ce point. Et, pour être franc, j'avais hâte
d'y arriver. Il est certain que j'éprouve pour votre
père une profonde sympathie, mêlée à une très réelle
gratitude. Mais je n'ai, je vous l'affirme, aucune pré-
vention contre votre mère. Pas plus que vous, je ne
me reconnais le droit de juger vos parents et, si vous
ne me repoussez pas, je les traiterai l'un et l'autre
avec le même respect.

SIMONNE, avec un mouvement de joie.

Est-ce bien vrai?

RENNELEY.

Mettez-moi à l'épreuve.

SIMONNE.

Maman reçoit demain soir. Vous inviterai-je?

RENNELEY.

Je vous en prie.

SIMONNE.

Vous viendrez?

RENNELEY.

De grand cœur.

SIMONNE.

Ah! que vous me faites plaisir!... Alors, vous ne trouvez pas singulier que je consulte maman avant de vous donner une réponse?

RENNELEY.

Cela me semble si naturel, au contraire, que je vous en voudrais d'agir différemment.

SIMONNE.

Etes-vous sincère?

RENNELEY.

On l'est toujours, quand on est heureux. Et comment ne le serais-je pas? Me présenteriez-vous à votre mère, si je vous étais tout à fait indifférent?

SIMONNE.

Permettez! je ne dis encore ni oui ni non.

RENNELEY.

Dites : peut-être!

SIMONNE.

Plaisez à maman. Et puis... et puis, nous verrons.

Rentre Lebertin.

RENNELEY.

Voici votre père.

SCÈNE XII.

SIMONNE, RENNELEY, LEBERTIN.

LEBERTIN.

Avez-vous fini? Puis-je entrer?

SIMONNE.

Oui, papa.

LEBERTIN.

Eh bien?

SIMONNE.

J'ai réservé ma réponse.

LEBERTIN.

Et pourquoi?

SIMONNE.

Parce que je désire que M. Renneley obtienne le consentement de maman.

LEBERTIN.

Ah! vraiment!...

SIMONNE.

Et monsieur accepte.

LEBERTIN, se tournant vers Renneley.

Si vous acceptez!...

RENNELEY.

A moins que vous ne voyiez, dans une pareille démarche, je ne sais quoi de blessant pour vous?

LEBERTIN.

Qui, diable! peut me blesser là-dedans? Vous êtes bien libre!...

RENNELEY.

En ce cas, j'irai demain chez Lady Driver, et si vous autorisez mademoiselle Simonne...

LEBERTIN, serrant la main de Renneley.

Je lui donne toutes les autorisations possibles.

RENNELEY, à Simonne.

A demain, alors.

SIMONNE, lui tendant la main.

A demain.

Renneley sort.

SCÈNE XIII

LEBERTIN, SIMONNE.

SIMONNE, à son père, malicieusement.

Tu m'en veux, hein?

LEBERTIN.

Pas du tout!... Mais si j'ai un conseil à te donner — le dernier! — c'est de ne pas jouer avec ton mari la même partie qu'avec moi; il ne serait pas arrêté par les mêmes scrupules.

SIMONNE.

Crains-tu donc qu'il ne se tourne contre toi, quand il connaîtra maman?

LEBERTIN.

Simonne!... (se contenant.) Non. Je ne veux rien te dire. Rien. N'oublie pas mon conseil, voilà tout ce que je te demande : prends garde!

Rideau.

ACTE DEUXIÈME

A Paris, chez Lord Driver, un soir de bal. Un petit salon très luxueux et très moderne. Au fond, une double baie vitrée ouvrant sur une galerie ; à droite, une autre baie vitrée donnant sur un plus grand salon ; à gauche, la cheminée. Entre la cheminée et la cloison du fond, une table de jeu. Fauteuils, chaises, tête à tête, petites tables. Tableaux au mur. On entend, par instants, une musique lointaine.

SCÈNE PREMIÈRE

SIMONNE et RENNELEY, debout au premier plan ; FLAMBOIN et BOLLARD, assis à la table de jeu et jouant à l'écarté ; puis MADAME LOISELLE et CHÉRUETTE ; puis NÉRIS ; puis MADAME BOLLARD ; puis DE BRAC ; puis GOURLAN, MADAME GOURLAN et GERMAINE. INVITÉS, allant et venant dans la galerie.

RENNELEY.

Vous ne me présentez pas à votre mère ?

SIMONNE.

Tout à l'heure. Je guette M. Néris, le père de mon amie Germaine. Il faut que je lui parle. (Riant.) Vous êtes d'une impatience !

RENNELEY.

Il me semblerait convenable.

SIMONNE, riant.

Vous vous croyez encore chez papa. Maman n'est pas si formaliste. Pourvu qu'on s'amuse chez elle, tout va bien. Vous verrez.

> Ils remontent, Chéruette et madame Loiselle sont entrés par la droite.

CHÉRUETTE, désignant de l'œil Flamboin et Bollard.

Voilà mes deux maris. Hein ? vous les trouvez ?

MADAME LOISELLE.

Exquis ! Mais le secret professionnel, qu'en faites-vous ?...

CHÉRUETTE.

Je n'en fais rien. Ce n'est pas moi qui plaidais.

MADAME LOISELLE.

Ah !

CHÉRUETTE.

Je tiens le tout d'un de mes confrères.

MADAME LOISELLE.

C'est rassurant. Alors, vous, qui avez plaidé pour moi contre mon ex-mari, vous ne racontez pas, non, vous laissez raconter...

CHÉRUETTE.

Eh bien, oui, je laisse raconter que nous étions une martyre de la foi conjugale.

MADAME LOISELLE.

Ah ! ça, c'est autre chose...

CHÉRUETTE.

N'est-ce pas? la vérité avant tout !

SIMONNE, venant à madame Loiselle et lui serrant la main.

Clairette! (A Chéruette, qui la salue.) et avec vous!
(A madame Loiselle.) A la bonne heure. Tu n'es pas
une ingrate.

MADAME LOISELLE.

Moi? je le recommande à toutes mes amies !

CHÉRUETTE, riant.

Que d'affaires !

Il remonte et va causer avec les deux joueurs.

MADAME LOISELLE, à Simonne.

C'est une méchante langue. Il m'assurait à l'instant...

SIMONNE, sans l'écouter, à Renneley.

Je ne vous présente pas.

RENNELEY, souriant et saluant.

Inutile.

MADAME LOISELLE, à Simonne.

Ecoute donc!

SIMONNE, remontant.

Attends! J'ai deux mots à dire à M. Néris.

Elle remonte et rejoint Néris qui paraissait au fond.

MADAME LOISELLE, à Renneley.

Vous connaissez, vous, les deux maris?

RENNELEY.

Quels deux maris?

MADAME LOISELLE.

Ces deux qui jouent, là-bas.

RENNELEY.

C'est la première fois que je viens ici.

MADAME LOISELLE.

Comme moi, alors.

RENNELEY.

Oui. Il y a une histoire ?

MADAME LOISELLE.

Il paraît. Je ne me rappelle pas lequel a trompé
l'autre ; en tout cas, ils étaient associés et ils le sont
demeurés après, avec cette seule différence, dit-on,
que grâce au divorce, c'est l'amant qui est devenu
le mari, et le mari...

RENNELEY.

L'amant. Ce n'est qu'un lien de plus.

MADAME LOISELLE.

Quelle horreur !

RENNELEY.

Bah ! les affaires sont les affaires ! Et vous ne savez
plus qui est le mari en fonction ?

MADAME LOISELLE.

Non.

RENNELEY.

J'y suis. Ils ont fini par se ressembler.

MADAME LOISELLE.

Maître Chéruette nous renseignera.

RENNELEY.

Pas besoin. Regardez. (Madame Bollard va à son mari,
et lui parle ; celui-ci se lève, serre la main de Flamboin que
madame Bollard ne regarde même pas, et suit sa femme.) La
femme doit suivre son mari. Voilà le mari.

> Il remonte avec madame Loiselle, sans cesser d'observer
> Bollard et sa femme, qui descendent. Chéruette est
> resté avec Flamboin qui range les cartes. Tout ce qui
> suit, vif, léger, rapide.

3

MADAME BOLLARD, à mi-voix.

Vous ne vous quittez plus. C'est indécent.

BOLLARD, sur le même ton.

Tiens! puisqu'il oublie que je l'ai trompé, ce n'est pas à moi de repousser ses avances.

MADAME BOLLARD.

Tu devrais savoir que je ne l'aime pas.

BOLLARD.

Oh! tu ne l'aimes pas!... Tu l'as aimé.

MADAME BOLLARD.

Non.

BOLLARD.

Si.

MADAME BOLLARD, s'éloignant.

Flûte!

BOLLARD, la suivant.

Voyons! laisse-moi l'inviter. Nous passions de si bonnes soirées, tous les trois.

MADAME BOLLARD.

Alors, ce n'était pas la peine de divorcer!

Elle sort par la droite.

BOLLARD, sortant derrière elle.

Oh! Emilie! Emilie! peux-tu dire!...

Chéruette et Flamboin n'ont rien entendu de cet aparté; mais les gestes étaient assez probants. Aussi, Chéruette, goûtant l'harmonie de ce ménage, demande iro niquement à Flamboin.

CHÉRUETTE, souriant.

Ça ne vous donne pas envie de vous remarier?

FLAMBOIN, ingénument.

Ma foi, non. Il n'y a pas à y revenir. Mes amis,

dans le temps, me prenaient mes maîtresses ; Bollard
m'a pris ma femme : le mariage ne m'a pas plus
réussi que l'amour. J'ai toujours été trompé. C'est
un sort. Le mieux est de se résigner. Je vais avec
l'une, avec l'autre. Je ne m'attache plus. Seulement,
les femmes m'en veulent. Si ! Si ! les femmes m'en
veulent. (souriant.) Je ne remplis pas ma destinée...

CHÉRUETTE, avec un sérieux affecté.

Les femmes sont dénuées de philosophie !

FLAMBOIN, avec beaucoup de candeur.

Elles ne comprennent pas que c'est embêtant d'être
cocu !...

Il remonte et sort ensuite avec Chéruette. Pendant ce
temps, Néris s'est éloigné par la droite ; Simonne a
rejoint Renneley et madame Loiselle ; ils redescendent.

SIMONNE, à Renneley.

Je ne vous demande plus que deux minutes... deux
toutes petites minutes... le temps d'avertir Germaine...

MADAME LOISELLE.

Elle est arrivée ?

SIMONNE.

Je l'ai aperçue qui ôtait son manteau...

Entre de Brac.

RENNELEY.

Je crains d'avoir l'air d'un intrus.

SIMONNE, gaîment.

Avec moi ?

M. DE BRAC, saluant Simonne.

Mademoiselle.

SIMONNE, à de Brac.

Tiens! je vous croyais à Bordeaux, près de votre oncle?

DE BRAC.

Merci, il va mieux. J'ai eu un de ces tracs!

SIMONNE.

Vous l'aimiez donc tant que ça?

DE BRAC.

Moi? je l'exècre, c'est un vieux pot. Mais je suis un unique héritier. Et, avec mon horreur du mariage, je voyais déjà toutes les mères à mes trousses. Ah! ah! c'est que j'eusse été un parti!...

SIMONNE, riant.

Tandis que maintenant...

DE BRAC.

Oh! maintenant, je suis tranquille. (Pirouettant.) Je n'ai que mes grâces.

SIMONNE, riant.

Ce n'est pas **un** placement de mère de famille.

DE BRAC, riant.

Non, vrai! (s'inclinant.) La première valse?

SIMONNE, consultant un carnet de bal.

La troisième, voulez-vous? (De Brac s'incline, à madame Loiselle.) Clairette! Je te présente M. de Brac. (A de Brac.) Madame Loiselle, ma cousine.

DE BRAC, s'inclinant.

Madame. (Puis, s'étant redressé.) La première valse?

MADAME LOISELLE.

Avec plaisir.

De Brac lui offre son bras et tous deux sortent en causant, par la droite.

RENNELEY, à Simonne.

Et moi? vous ne me présentez pas?

SIMONNE, riant.

A un danseur! (Remontant vivement, et allant à Germaine, qui paraît au fond avec M. et madame Gourlan.) Germaine!

Celle-ci s'arrête, ainsi que M. et madame Gourlan. Echange de saluts, Gourlan, très guindé, portant haut, madame Gourlan, gracieuse.

MADAME GOURLAN, s'éloignant.

Je vous la confie.

M. et madame Gourlan disparaissent, au fond, par la droite.

SCÈNE II

SIMONNE, RENNELEY, GERMAINE, puis LORD DRIVER, puis JANZÉ et PAULINE.

SIMONNE, à Germaine, tandis que Renneley se tient à l'écart.

Je vais chercher ton père. En cas d'alerte, c'est ici qu'il aura le plus de chance de se défiler.

GERMAINE, souriant.

Tu penses à tout.

SIMONNE.

Attends!... Il faut d'abord que je te présente mon fiancé. Tu le connais?

GERMAINE.

Oh! de vue!... c'est donc officiel? Ton père doit être content!

SIMONNE.

Papa! Il ne sait rien. Je m'y suis si bien prise que mes fiançailles auront lieu ici... Ce qu'il sera vexé, tu comprends!

GERMAINE.

Et s'il rompait?

SIMONNE.

Pas de danger. Ce mariage-là, il y tient trop! (Pendant ce dialogue rapide, dit à voix basse, Renneley s'est tenu à l'écart.) Monsieur Renneley!

RENNELEY, s'avançant.

Mademoiselle!

SIMONNE.

Venez que je vous présente à ma meilleure amie, mademoiselle Germaine Néris, une excellente musicienne.

GERMAINE, tendant la main à Renneley.

Qui sollicite toute votre indulgence.

RENNELEY, s'inclinant en lui serrant la main.

Oh! mademoiselle!

Simonne remonte.

GERMAINE.

Quelle émotion vous avez mise dans votre *Lamento* et quelle grâce, dans votre *Menuet de l'Infante*.

RENNELEY.

Vous me rendez honteux, mademoiselle.

Lord Driver vient d'entrer : il va à Simonne.

GERMAINE, vivement et à mi-voix.

Votre futur beau-père.

LORD DRIVER, à Simonne, avec un très léger accent.

J'ai fait de toi un si bel éloge devant la générale

Lavarski qu'elle tient absolument à te connaître.
C'est cette générale russe que nous avons rencontrée,
ta mère et moi, à Aix, cette année. Elle a toute la
séduction des Slaves. Eh ! ch ! avec elle, on comprend
l'alliance. Au besoin même, on la resserrerait.

SIMONNE.

Un instant. Permets-moi de te présenter M. Renneley.

LORD DRIVER, à Renneley, qui s'est avancé.

Ah ! Monsieur, je suis ravi. (Il lui serre la main.)
Simonne nous a parlé de vous et de telle sorte que
nous sommes heureux, sa mère et moi, de la décision qu'elle a prise. Je ne l'aimerais pas davantage,
si elle était ma fille, cette grande enfant-là ; je ne
demande qu'à reporter une partie de mon affection
sur le mari qu'elle s'est librement choisi. (Renneley
s'incline; il va répondre : sans lui en laisser le temps, Lord
Driver lui demande d'un ton dégagé.) Montez-vous ?

RENNELEY, interloqué.

Plaît-il ?

LORD DRIVER.

Je dis : montez-vous ? Faites-vous du cheval ?

RENNELEY, souriant.

Ah ! bien ! bien !... non, jamais.

LORD DRIVER.

Vous avez tort. Le cheval donne de l'élasticité, de
la souplesse, du jarret. Et même, pour un musicien...
eh ! eh ! le jarret !...

RENNELEY, souriant.

Je n'ai pas de dispositions.

LORD DRIVER.

Dommage. (A Simonne.) J'ai vu justement, hier,

chez Adolphe, une jolie jument alezane, très près du sang, qui t'aurait convenu à merveille. Ses allures sont brillantes, et son maniement paraît facile. Je l'aurais déposée dans ta corbeille.

SIMONNE.

Tu peux toujours l'acheter. Je la monterai avec toi, à Hurtebise, quand nous irons vous y voir. (Se tournant du côté de Renneley ; légèrement.) N'est-ce pas ?

RENNELEY, s'inclinant.

Comme vous voudrez.

LORD DRIVER,

L'idée est excellente. (A Renneley.) A propos, dites-moi, connaissez-vous un nommé... attendez !... un nom baroque... enfin, n'importe !... c'est un de vos confrères... Il paraît qu'il écrit de la musique qui n'est plus du tout de la musique...

RENNELEY, railleur.

Ah ! qu'est-ce que c'est ?

LORD DRIVER, convaincu.

C'est du... fusain

RENNELEY.

Ce doit être un peu gris.

LORD DRIVER, protestant.

Mais non ! mais non ! au contraire !

RENNELEY, souriant.

Alors, c'est du pastel ?

LORD DRIVER, ravi.

Yes ! Yes !... Je voulais dire : du pastel. (Enthousiaste.) Ce sera le Latour de la Musique. Ah ! Latour !...

SIMONNE.

Mon beau-père est très artiste.

RENNELEY, souriant.

Je m'en aperçois.

LORD DRIVER.

On peut fort bien être sportsman et artiste. (Aper-
cevant des arrivants.) Ah! Monsieur et madame Janzé!...

Il va à leur rencontre, salutations.

SIMONNE, qui est allée à madame Janzé.

Ma chère Pauline.

Elle l'embrasse, puis cause avec elle; tandis que Lord
Driver parle à Janzé.

RENNELEY, à Germaine.

Qui c'est?...

GERMAINE.

Des connaissances faites au bord de la mer.

RENNELEY.

Ah!...

SIMONNE, à Pauline.

Qu'est-ce que vous devenez? on ne vous rencontre
nulle part.

PAULINE, avec une grande réserve.

Je sors si rarement. M. Janzé me le reproche...

JANZÉ, à Lord Driver.

Vous n'étiez pas à Auteuil, dimanche?

LORD DRIVER.

Non.

JANZÉ.

Une jolie réunion. Torticolis s'est montré en retour
de forme.

LORD DRIVER, intéressé.

Et Châteaubriand ?

JANZÉ.

Oh! lui, après avoir refusé de s'employer, il a succombé d'une demi-longueur.

RENNELEY, à Germaine.

Pauvre Châteaubriand !

SIMONNE, qui est descendue avec Pauline, à Pauline.

Une surprise. Devinez ! (Appelant.) M. Renneley?

RENNELEY, s'avançant.

Mademoiselle?

SIMONNE, à Pauline.

Mon fiancé. (A Renneley.) Madame Janzé. (salutations.) Madame joue au tennis à la perfection. Vous en jugerez à Saint-Jean de Luz. Et puis, c'est une amie.

PAULINE, gênée, à Simonne.

Je vous fais tous mes compliments.

LORD DRIVER, à Renneley.

Vous permettez, j'enlève Simonne un instant pour la présenter à la générale.

RENNELEY, s'inclinant.

Comment donc !

Lord Driver sort avec Simonne.

JANZÉ, s'avançant vers Renneley.

Enchanté, monsieur, de faire votre connaissance et de joindre mes compliments à ceux de ma femme.

RENNELEY, un peu interloqué.

Monsieur !

JANZÉ.

Vous jouez au poker?

RENNELEY.

Non, monsieur.

JANZÈ.

Et au bridge ?...

RENNELEY.

Pas davantage.

JANZÉ,

Et...

RENNELEY.

Excusez-moi, je déteste les cartes.

JANZÉ, bon enfant, gaîment et familièrement.

Qu'est-ce que vous faites donc de vos soirées ?...

Il sort avec sa femme.

SCÈNE III

RENNELEY, GERMAINE.

RENNELEY.

Quel singulier monde!... Vous y venez souvent, mademoiselle?

GERMAINE.

Oui.

RENNELEY.

Vous vous y plaisez ?

GERMAINE.

J'y rencontre mon père.

RENNELEY.

C'est une excuse.

GERMAINE.

C'est l'excuse de Simonne, qui aime sa mère et qui a raison de l'aimer.

RENNELEY.

Je suis de votre avis. Mais il me semble que Lord Driver manque de tact...

GERMAIND, malicieusement.

Parce qu'il ne vous a pas parlé de votre musique ?

RENNELEY, souriant.

Non. Mais il affecte, avec Simonne, des manières...

GERMAINE.

Allez-vous lui reprocher de l'accueillir avec autant de bonne grâce que si elle était sa fille ?

RENNELEY, sérieux.

Madame Lebertin ne tutoie pas Simonne.

GERMAINE, sérieuse.

Et elle n'a pas su s'en faire aimer. Cela me paraît plus grave.

RENNELEY.

Soit. Autre chose. Je viens ici pour obtenir le consentement de Lady Driver. Or, j'arrive, je n'ai pas encore vu Lady Driver, et Simonne me présente à chacun comme son fiancé.

GERMAINE, souriant.

Voilà qui est fâcheux, en effet, et vous avez sujet de vous plaindre.

RENNELEY.

Je ne me plains pas. Comprenez-moi. Je m'étonne...

GERMAINE, souriant.

Simonne devait-elle consulter sa mère devant

vous ? Non. Rendez-lui donc justice. Toute autre, à sa place, vous eût dissimulé la liberté qui règne ici et qui ne pouvait que lui nuire. Elle met son point d'honneur à vous l'exagérer. C'est de l'honnêteté et de la franchise. Reconnaissez-le.

RENNELEY.

Je ne demande qu'à vous croire.

GERMAINE, souriant.

Je sais bien qu'on n'est pas le maître de ses sentiments et que votre amitié pour M. Lebertin vous rend injuste, malgré vous. Mais aussi vous raisonnez comme tous ceux qui prétendent juger les autres à première vue. Vous vous imaginez que les portes de ce salon ouvrent trop directement sur la rue… (Protestation de Renneley.) J'exagère. Tant mieux. Ce monde-ci est fermé comme le sont à peu près tous les mondes : on n'y recevrait pas une femme qui, après avoir divorcé une première fois, aurait divorcé une seconde : il y a des degrés. (Légèrement gouailleuse.) Prenez vos informations.

RENNELEY.

Est-ce ma faute si, dès mon arrivée, on m'a conté sur des divorcés, qui étaient là, une histoire piquante ?…

GERMAINE.

Et dans quel monde ne nous contera-t-on pas à l'oreille, sur quelqu'un de présent, une histoire piquante ?… Comment ? vous, un homme sérieux, vous vous laissez influencer par de tels cancans ? — Car voilà bien ce qui vous a indisposé contre Lord Driver, puis contre cette pauvre Simonne, qui n'en peut mais : c'est cette histoire ! Pas autre chose.

RENNELEY.

Il y a encore ces connaissances faites, je ne sais

où, dans les villes d'eaux, sur les plages... des étrangers... des gens comme ce M. Janzé qui ne me revient guère...

GERMAINE.

J'admets que le milieu vous choque : Simonne n'y vit pas. Elle ne fait que le traverser de loin en loin et, parce qu'on l'y gâte, tout l'y charme, tout l'y réjouit. C'est un oiseau à qui on rend la liberté, et qui chante, et qui bat des ailes. Tenez, pour être équitable, il faut la juger ici comme une enfant en vacances.

RENNELEY.

Quelle amie vous êtes, mademoiselle ! J'en connais qui auraient profité de la circonstance pour décrier innocemment Simonne. Vous ne songez, vous, qu'à la défendre ou à la servir.

GERMAINE.

C'est peut-être que je suis responsable de sa désertion, puisqu'un jour comme celui-ci où elle ne devrait songer qu'à elle, c'est-à-dire uniquement à vous, elle se met en peine de moi et vous laisse ici un peu déconfit pour aller chercher mon père.

Au même instant, Simonne et Lady Driver paraissent au fond.

SCÈNE IV

Les Mêmes, SIMONNE, LADY DRIVER ; puis DE BRAC ; puis, NÉRIS.

SIMONNE, gaîment, à sa mère.

Regarde comme ils s'accordent !... (Descendant.) Je parie qu'ils causent musique.

GERMAINE.

Non, mademoiselle. Nous parlions de toi.

SIMONNE.

Ah!... et vous en disiez?...

GERMAINE.

Beaucoup de mal.

Elle remonte, pour aller saluer Lady Driver.

RENNELEY, à Simonne.

N'en croyez rien. Vous n'avez pas de meilleure amie ni de plus dévouée...

SIMONNE, riant.

Oh! quelle ardeur !... Venez plutôt que je vous présente à votre future belle-mère, et tâchez de faire sa conquête. Le plus sûr moyen de me plaire, c'est encore de plaire à maman.

Elle l'a amené devant Lady Driver. Renneley s'incline.

LADY DRIVER.

Et vous ne me plairez qu'à une condition, monsieur, à une seule : c'est de faire le bonheur de cette enfant-là!...

RENNELEY.

S'il ne tient qu'à moi, madame...

Il continue de causer avec Lady Driver.

SIMONNE, à Germaine.

J'ai averti ton père. Il nous suit.

GERMAINE.

Merci de nouveau.

Elles remontent.

LADY DRIVER, à Renneley, très doucereusement.

Oui. Je sais, c'est un projet qu'on a formé depuis longtemps, et on y tient. On m'a même transmis à cette occasion, par une amie commune, des propositions qui m'ont un peu surprise... Il paraît que, si je le voulais, je pourrais m'opposer à votre mariage... On me connaît mal. Je n'ai qu'un souci, je vous le répète : le bonheur de Simonne.

RENNELEY.

Je regrette, madame, qu'on ait abusé de la situation...

LADY DRIVER.

Ne parlons plus de cela. Je me devais de protester contre des calculs assez singuliers qu'on me prêtait. Voilà qui est fait. Maintenant, offrez-moi votre bras. Je veux vous présenter à de vieilles amies... (A simonne.) Tu m'autorises ?...

SIMONNE, gaîment.

Je te le prête !·

Lady Driver et Renneley sortent par le fond.

GERMAINE.

Il est charmant, vois ! Ne l'effarouche pas.

Entre de Brac, par la droite.

DE BRAC, à Simonne, en lui offrant le bras, après
s'être incliné.

Mademoiselle !...

SIMONNE.

Ah ! votre valse !

DE BRAC.

La troisième.

Simonne prend son bras, Néris paraît à droite.

SIMONNE, à Germaine.

Voilà ton père.

Simonne sort au bras de de Brac par le fond. Germaine
va joyeusement au devant de son père.

SCÈNE V

GERMAINE, NÉRIS.

GERMAINE, allant à Néris, les mains tendues.

Père!

NÉRIS, avec infiniment de tendresse.

Mon enfant! (Il lui saisit les mains ; elle se baisse un peu et il l'embrasse sur le front. Puis, pour cacher son émotion, il dit d'un ton léger :) Toujours plus jolie!... Et tu y as du mérite, dans cette pauvre petite robe... ah! si je t'habillais, moi!...

GERMAINE, souriant.

C'est surtout la toilette que l'on regarderait?

NÉRIS.

Peut-être... Et on ne verrait pas combien ce charmant visage est triste!

GERMAINE.

Triste? Je suis triste? Ce n'est pas possible : tu es là.

NÉRIS.

Regarde-moi. Tu souris, mais au fond de tes yeux, tout au fond, il y a un grand chagrin que je veux connaître.

GERMAINE.

Ne troublons pas, par des plaintes vaines, le peu de temps que nous passons ensemble.

NÉRIS.

Me trouves-tu si léger que tu n'oses me confier tes peines?

4

GERMAINE.

Oh! non!... Mais je sens que je me les exagère. Je suis nerveuse, ce soir, sans cause. J'ai des instincts de révolte.

NÉRIS.

On vient de m'apprendre les fiançailles de ton amie Simonne avec M. Renneley. Songes-y! N'est-ce point contre tes idées sur le mariage que tu t'insurges malgré toi?

GERMAINE.

Mes idées sont fondées sur mon expérience personnelle.

NÉRIS.

Les jeunes filles n'ont pas d'expérience personnelle...

GERMAINE.

Les jeunes filles, oui. Mais la vie n'a-t-elle pas fait de moi presque une femme?

NÉRIS.

Eh! non. Voilà l'erreur et voilà bien le péril. Tu crois connaître la vie parce que tu en as souffert, et tu n'en as souffert que par la faute des autres; c'est trop ou trop peu : il n'y a que nos actes qui nous éclairent. Allons! dis-toi que tu es jeune, oublie : aie les défauts de ton âge!... Et si tu veux des raisons immédiates, songe que, mariée, Germaine, je t'embrasserais tous les jours.

GERMAINE.

J'y ai pensé... Mais dans huit mois je serai majeure, c'est-à-dire libre; je pourrai disposer de moi-même et vivre où bon me semblera... Il est inutile que je demande aux aléas du mariage ce que me promet un avenir certain, prochain...

NÉRIS, ému.

Que veux-tu dire? Tu quitterais ta mère?...

GERMAINE, souriant.

A moins que toi... tu ne refuses...

NÉRIS, troublé et joyeux.

C'est fou!... fou!... oh! ma petite Germaine, je savais que tu m'aimais, mais à ce point-là!... Cette protestation publique, ce don de toi... mon enfant!... je ne méritais pas cela : je suis indigne d'un pareil sacrifice...

GERMAINE.

Je ne vois pas de sacrifice...

NÉRIS.

T'es-tu seulement demandé comment on interpréterait une pareille fuite?... On y verrait un défi jeté à l'opinion. Tu ne te doutes pas de ce qu'on a dit de moi!...

GERMAINE.

Peu m'importe ce qu'on a dit, ce qu'on dira. Tu es resté mon père, mon père à moi seul. En allant chez toi, je ne crains pas de me heurter à des étrangers, à qui la loi reconnaisse autant de droits sur ma personne que s'ils étaient mes parents. Je suis ta fille, chez toi... ta fille!... et c'est toi qui commandes!

NÉRIS, vivement.

Ne blâme pas ta mère...

GERMAINE.

Quand on divorce par jalousie, il me semble que l'on se devrait à soi-même...

NÉRIS, gravement.

Ne juge pas ta mère...

GERMAINE, confuse.

En m'obligeant à te juger, elle m'a conduite, malgré moi, à la juger aussi!... (se reprenant.) J'ai tort, oublie ce que j'ai dit. Je ne suis pas une mauvaise fille.

NÉRIS.

J'en suis sûr. Ecoute. Il ne faut pas débuter par un acte de rébellion. On s'en repent tôt ou tard. D'ailleurs, je te l'avoue, quand ta mère s'est remariée, puis quand les enfants sont venus, j'ai songé plus d'une fois à attaquer le jugement qui te confiait à sa garde; on me le conseillait, et peut-être aurais-je obtenu gain de cause, quoique le divorce eût été prononcé contre moi et avec les considérants les plus fâcheux : si j'ai reculé, c'est que j'ai craint de te nuire... Remercie ta mère, elle t'a mieux élevée que je ne l'aurais fait.

GERMAINE, tristement.

Alors, tu refuses?...

NÉRIS.

Je puis parler à ta mère?... Je peux réclamer pour toi une liberté plus grande?... Veux-tu?

GERMAINE.

Non.

NÉRIS.

Tu es malheureuse, ma pauvre Germaine!

GERMAINE.

Je t'aime trop. Ce n'est pas ma faute. (On aperçoit madame Gourlan dans la galerie.) Va-t'en vite. Voici maman qui me cherche. Il ne faut pas qu'elle nous trouve ensemble...

NÉRIS.

Tu as raison... Eh bien, va-t'en, toi ; c'est moi qui reste.

GERMAINE.

Que veux-tu faire ?

NÉRIS.

Mon devoir.

Germaine sort par la droite ; madame Gourlan entre presque aussitôt par le fond.

SCÈNE VI

NÉRIS, MADAME GOURLAN.

MADAME GOURLAN est entrée, cherchant visiblement Germaine ; elle aperçoit Néris.

Vous !... J'aurais dû m'en douter. Vous donnez maintenant des rendez-vous à Germaine ! Vos deux petites heures par semaine ne vous suffisent plus pour lui tourner l'esprit ?

NÉRIS.

Vous en disposez bien de sept fois vingt-quatre pour lui tourner le cœur.

MADAME GOURLAN, légèrement railleuse.

Vous êtes toujours sensible, mon bon ami ?

NÉRIS.

Ecoutez-moi. Je ne suis jamais intervenu, comme j'en aurais eu le droit...

MADAME GOURLAN.

Où l'auriez-vous pris ?

NÉRIS.

Dans la loi.

MADAME GOURLAN.

Vraiment! Et que dit la loi?

NÉRIS.

A peu près ceci : que le père ou la mère, qui n'aura pas la garde des enfants, conservera le droit de surveiller leur éducation.

MADAME GOURLAN.

Bon. Et vous croyez, de bonne foi, n'être jamais intervenu en pareille circonstance?

NÉRIS.

J'en suis certain.

MADAME GOURLAN.

Bah ! Vous n'avez jamais gâté Germaine, de parti pris ou, si vous l'aimez mieux, par calcul, afin de la détacher de moi, ce qui était une façon comme une autre d'augmenter pour moi les difficultés de son éducation?

NÉRIS.

Il n'a jamais été dans mes vues...

MADAME GOURLAN, quittant la raillerie.

Vous avez cédé à vos instincts. Soit, c'est bien possible ! Au vrai, vous n'avez jamais été qu'un impulsif !

NÉRIS.

Vous me calomniez! ou plutôt non, vous vous souvenez trop de l'homme que j'étais. Vous n'avez pas assisté à mon évolution. Vous n'y croyez pas.

MADAME GOURLAN, le regardant.

Je crois que vous avez des cheveux blancs, parce que je les vois. Le reste !...

NÉRIS.

Si vous saviez combien je déplore mes erreurs!...
Vous direz : effet de l'âge! Peut-être. Mais, vous-même
me haïssez-vous autant? Et cette aventure, qui nous
a violemment séparés, ne vous paraît-elle pas de si
loin une impondérable misère?

MADAME GOURLAN, avec émotion.

Une misère... que d'autres auraient suivie, si je
ne m'étais pas tenue à celle-là.

NÉRIS.

Qu'en savez-vous? Vous n'avez pas pardonné!

MADAME GOURLAN.

L'existence que vous avez menée depuis, n'est-elle
pas pour me justifier?

NÉRIS.

M. Gourlan 'ne vous a pas trompée. En avez-vous
été plus heureuse?

MADAME GOURLAN.

Je n'ai pas souffert.

NÉRIS.

Vous n'avez pas vécu. La tempête nous a séparés.
Mais nous pouvions nous retrouver au port et goû-
ter des heures et des heures cette minute-ci. C'est
vous qui ne l'avez pas voulu; vous qui n'avez pas su
que dans le mariage l'affection doit être plus forte
que l'amour.

MADAME GOURLAN, la voix adoucie.

A qui la faute? Pourquoi étiez-vous l'homme que
vous êtes resté, et qui me trouble encore?

SCÈNE VII

Les Mêmes, GERMAINE ; puis GOURLAN.

GERMAINE, entrant vivement par le fond.

Maman !.. Père !.. Séparez-vous...

MADAME GOURLAN, vivement.

Ah !...

Paraît Gourlan. Il aperçoit Néris, fronce le sourcil, s'arrête un instant et va droit à sa femme.

GOURLAN, avec dureté, à mi-voix.

Que signifie ?...

MADAME GOURLAN.

Il me parlait de Germaine.

Celle-ci s'est rapprochée de Néris.

GOURLAN, de même.

Ah !... Songe-t-il à la marier au moins ?

MADAME GOURLAN.

Non.

GOURLAN, de même.

Eh bien, il faut la marier, et vite. Et le plus vite sera le mieux.

MADAME GOURLAN.

A n'importe qui, alors ?

GOURLAN.

Si vous voulez. C'est un exemple déplorable pour mes enfants...

Très rogue, il remonte avec madame Gourlan qui se retourne légèrement pour appeler sa fille.

MADAME GOURLAN, doucement.

Germaine !

GERMAINE, serrant la main de son père, à mi-voix.

Adieu, papa. A bientôt.

GOURLAN, très haut, avec impatience.

Venez donc, Germaine ! Nous partons.

Ils sortent tous les trois par le fond et la gauche.

NÉRIS, avec une colère mêlée de tristesse et de découragement.

Et je ne puis rien ! La loi le protège.

SCÈNE VIII

NÉRIS, DE BRAC.

DE BRAC, entrant par la droite.

Je vais au cercle... M'accompagnez-vous ?

NÉRIS.

Non. Pas ce soir. Je rentre chez moi.

DE BRAC.

Qu'est-ce que vous avez ? Vous semblez un peu étourdi...

NÉRIS.

Ce n'est rien. Je rêvais. On m'a réveillé brusquement.

DE BRAC.

Mauvais ! Mauvais !.. Et que rêviez-vous ?

NÉRIS.

Je rêvais... mariage.

DE BRAC.

Brrr !..

NÉRIS.

J'en arrivais même à me demander si le mariage n'est pas encore ce qu'on a inventé de plus sentimental.

DE BRAC, riant.

Ah! ah! on voit bien que vous rêviez !

Ils sortent par le fond, dans le moment où madame Loiselle et Pauline entrent par la droite.

SCÈNE IX

MADAME LOISELLE, PAULINE; puis JANZÉ.

MADAME LOISELLE, avec une gaieté étourdie.

Simonne m'a parlé de vous si souvent que je désirais beaucoup vous connaître, et, maintenant que je vous connais, je serais très heureuse de vous compter parmi mes amies. J'espère que la sympathie est réciproque. Vous verrez... Je suis une veuve gaie. Et j'ai dix mois à le rester, sans avoir besoin de porter le deuil. C'est charmant.

PAULINE, avec une grande gêne.

Croyez, madame, que j'éprouverai toujours un grand plaisir...

MADAME LOISELLE.

Bien, bien. J'irai vous voir avec Simonne. Vous recevez ?

PAULINE, de plus en plus gênée.

Je n'ai pas de jour. Je vis très retirée... par goût...

par habitude... Si j'accompagne M. Janzé dans le monde, c'est plutôt pour lui que pour moi...

MADAME LOISELLE, changeant de ton, un peu aigre.

Oh ! je comprends !... je n'insiste pas. Je respecte tous les préjugés. J'étais comme vous... Et puis, un jour ou l'autre, on s'aperçoit que le divorce a du bon.

PAULINE, très ennuyée et encore plus embarrassée.

Je suis désolée, madame, que vous vous mépreniez.

MADAME LOISELLE, sans lui répondre, allant à Janzé qui vient d'entrer.

Mes compliments, M. Janzé, vons avez une femme exquise, un grillon, un vrai grillon, le grillon du foyer !

Elle sort en riant laissant Pauline confuse et Janzé abasourdi.

SCÈNE X

PAULINE, JANZÉ.

JANZÉ.

Tu as encore commis une gaffe, hein ?

PAULINE.

J'ai été très réservée avec elle, pour ce que tu sais bien, et elle a supposé que c'était sa qualité de divorcée...

JANZÉ.

Tu ne prendras jamais sur toi !...

PAULINE.

Je ne puis pas. Ce mensonge me pèse.

JANZÉ.

On nous a demandé notre acte de mariage ? Non !
Alors ?

PAULINE.

Je passe pour ta femme, on me traite comme ta
femme.

JANZÉ.

On est trop heureux !.. Mais vois donc avec quelle
joie on nous accueille, parce que nous ne sommes
pas des divorcés ! Ménage régulier, nous serions des
niais. Amant et maîtresse, nous ne pouvons que pro-
fiter et rire !

Ils remontent.

SCÈNE XI

LES MÊMES, SIMONNE ; puis RENNELEY.

SIMONNE, à Pauline.

Vous partez déjà ?

JANZÉ, souriant.

Elle est si... ourse !

SIMONNE, serrant la main à Pauline.

Vous verra-t-on, du moins, à Saint-Jean de Luz ?

PAULINE, regardant Janzé.

Je ne sais.

JANZÉ.

Mais oui, certainement.

Renneley entre par la droite. Simonne quitte Pauline et
Janzé qui sortent par le fond.

SCÈNE XII

SIMONNE, RENNELEY.

SIMONNE.

Eh bien, monsieur ? Vous avez regardé, écouté, médité. Peut-on connaître le résultat de vos réflexions? Et, d'abord, comment trouvez-vous mes parents ? (Riant.) pas ceux de là-bas — ceux d'ici?

RENNELEY.

Je les trouve très accueillants... trop accueillants.

SIMONNE, souriant.

Ah! ah! vous jugez ce monde-ci un peu... mêlé?

RENNELEY.

Oui, plutôt.

SIMONNE.

Et vous ne m'y laisserez pas revenir, si nous nous marions?

RENNELEY.

Quelles que soient mes réserves, mademoiselle, vous serez toujours libre de voir votre mère, où et quand vous voudrez.

SIMONNE.

Je ne vous en demande pas davantage.

RENNELEY, avec joie.

Alors, vous consentez?

SIMONNE.

Vous n'avez donc pas changé d'avis?

RENNELEY.

Non.

SIMONNE.

Eh bien, moi — voyez comme je suis singulière — j'hésite maintenant, et volontiers je dirais non.

RENNELEY, inquiet.

Aurais-je déplu à votre mère?

SIMONNE.

Tout au contraire. Vous avez fait sa conquête, et il n'y a personne qui soit plus désireuse que je vous épouse. C'est moi qui ai des scrupules. Je me connais. J'ai peur de vous rendre très malheureux.

RENNELEY.

Pourquoi?

SIMONNE.

Parce que je sens que je vous céderai, et que je ne vous le pardonnerai jamais.

RENNELEY, souriant.

C'est toujours le mari que vous redoutez?

SIMONNE.

Le mari, le maître, oui.

RENNELEY.

Croyez-vous qu'il cherche jamais à abuser de son autorité, contre votre intérêt?

SIMONNE.

Il suffit qu'il use de son autorité.

RENNELEY, souriant.

Mais le mariage n'est pas une prison.

SIMONNE.

Vous voulez dire qu'il y a le divorce?

RENNELEY.

Non. J'entends qu'on peut vivre côte-à-côte, sans être prisonnier l'un de l'autre. Chacun a ses opinions, sa façon d'agir ; c'est la politique : on ne l'oublie que devant l'ennemi.

SIMONNE.

Et l'ennemi ?...

RENNELEY.

C'est tout ce qui menace la famille.

SIMONNE.

C'est trop subtil. Mon idée vaut mieux. Ce que je sais du mariage n'est pas pour m'y encourager. Mais il y a le divorce, je me risque.

RENNELEY, riant.

C'est cela, risquez-vous !

SIMONNE, avec une gravité malicieuse.

Ne riez pas. L'heure est grave. Méditez ceci : il y a le divorce.

RENNELEY, lui prenant la main et la lui baisant.

Vous voulez que je vous adore !

Rideau.

ACTE TROISIÈME

A Saint-Jean de Luz. Le salon du châlet des Algues, habité par les Renneley. Décor et ameublement modernes. Au fond, à gauche, un bow-window, faisant retraite et placé à l'extrémité d'une terrasse sur laquelle s'ouvre, un peu vers la droite, une large baie vitrée. A droite, une porte menant dans l'intérieur de la maison et qui reste ouverte ; à gauche, une autre porte. En scène, vers la gauche, un piano à queue, le clavier face au public ; vers la droite, une table. Fauteuils, chaises, etc...

SCÈNE PREMIÈRE

RENNELEY, NÉRIS, PAULINE, GERMAINE.

Renneley cause avec Néris, dans le fond ; Germaine et Pauline sont assises au premier plan.

GERMAINE.

Votre mari n'est pas avec vous?

PAULINE.

Non. Des affaires importantes ont rappelé M. Janzé à Paris. Je l'attends, dimanche.

GERMAINE.

Vous êtes depuis longtemps à Saint-Jean de Luz ?

PAULINE.

Depuis quinze jours. Et vous ?

GERMAINE.

Depuis hier au soir.

PAULINE.

Madame Renneley doit être bien heureuse !...
Mais, j'y songe, vous prendrez ma place au tennis ?

GERMAINE.

Non. Merci. J'aime mieux rester avec mon père.

PAULINE, souriant.

C'est juste. Ce sont vos vacances !... (Regardant
l'heure.) Déjà deux heures. Excusez-moi. C'est l'heure
du courrier. Je n'ai que le temps d'aller à l'hôtel et
d'en revenir, si je veux être de retour pour la partie.

GERMAINE.

Avec qui jouez-vous ?

PAULINE.

Avec madame Renneley, madame Loiselle et
M. de Brac.

GERMAINE.

Vous êtes donc raccommodée avec madame Loiselle ?

PAULINE.

En apparence, oui. Mais, en réalité, j'ai eu beau
faire, elle continue à me prêter des sentiments que
je n'ai pas. Je m'en aperçois à ses insinuations.

GERMAINE.

Elle est tellement sotte !...

PAULINE.

Elle n'est pas que sotte. Elle est méchante. Et je crains qu'elle ne tourne madame Renneley contre moi.

GERMAINE.

N'ayez pas peur. Je réagirai.

PAULINE.

Je doute que vous réussissiez. Madame Renneley n'est déjà plus la même à mon égard.

GERMAINE.

Comptez toujours sur moi.

PAULINE.

Merci.

Elle remonte et sort par le fond.

SCÈNE II

LES MÊMES, moins MADAME JANZÉ.

GERMAINE, qui s'est approchée de Renneley et de Néris. —
A Renneley.

Il paraît que Simonne ne vous a pas enrôlé dans son équipe de tennis?

RENNELEY.

Oh! elle a essayé!... Mais je me suis montré si maladroit, dès le premier jour, et j'ai attrapé une telle conrbature, que ni elle ni moi n'avons renouvelé l'épreuve. (Se tournant légèrement du côté de Néris.) Je disais à votre père combien nous regrettions, Simonne et moi, de ne pouvoir vous loger aux Algues; mais je m'étais engagé avec mon beau-père.

GERMAINE, souriant.

Lequel?

RENNELEY, souriant.

C'est juste ! M. Lebertin. Comme nous avions promis aux Driver d'aller en octobre à Hurtebise, et comme je sais M. Lebertin très susceptible, je tenais à ce qu'il vînt, avec sa femme, passer le mois de septembre près de nous.

GERMAINE.

Et Simonne ?...

RENNELEY.

Simonne ne partageait pas tout à fait ma manière de voir.

GERMAINE, souriant.

Je m'en doute,

RENNELEY.

Mais j'étais déterminé à ne pas me brouiller avec M. Lebertin, et il a bien fallu qu'elle cédât. Ç'a été notre première discussion, celle d'où dépendent l'avenir et le bonheur d'un ménage : aussi, je me félicite d'en être sorti à mon gré.

NÉRIS.

Vous êtes dans les bons principes. Si je les avais observés, moi !...

GERMAINE, à Renneley.

Simonne ne vous garde pas rancune de sa défaite ?

RENNELEY.

Non. Du reste, elle n'en est jamais convenue. Il paraît qu'elle s'est mal expliquée, ou que je l'ai mal comprise ; mais je n'aurais pas invité les Lebertin, qu'elle se fût empressée de les avoir.

GERMAINE.

Alors, tout est pour le mieux.

NÉRIS.

Vous venez vous promener avec nous ?

RENNELEY.

Au lendemain de votre arrivée ? Non ! Je me reprocherais de troubler ces premières heures de liberté et de vie commune, qui doivent avoir pour vous tant de charme !

NÉRIS, se tournant vers Germaine, et lui souriant.

Qu'en penses-tu ? Faut-il insister ?

GERMAINE, lui prenant le bras, et lui souriant à son tour.

Insisterais-tu, toi ?

NÉRIS, souriant.

Non.

GERMAINE, souriant.

Moi, non plus.

RENNELEY, les accompagnant jusqu'au vitrage.

Allons ! Vous vous entendez toujours aussi bien. Tant mieux ! Ce sera peut-être d'un bôn exemple !...

Entre Simonne.

SCÈNE III

LES MÊMES, SIMONNE, une dépêche à la main.

SIMONNE, croyant que son mari accompagne au dehors Néris et Germaine.

Vous n'emmenez pas mon mari ?

GERMAINE.

Non

NÉRIS.

C'est lui qui ne veut pas.

SIMONNE, à Renneley.

Il faut que je vous parle.

RENNELEY.

Je suis à vos ordres, ma chère amie.

GERMAINE.

A tout à l'heure.

Néris et Germaine sortent par le fond.

SCÈNE IV

RENNELEY, SIMONNE.

SIMONNE, avec un petit air triomphant, qu'elle dissimule mal.

J'ai du nouveau à vous apprendre.

RENNELEY, inquiet, les yeux sur la dépêche que tient Simonne.

Quoi donc ?.. votre père ne vient plus, samedi ?

SIMONNE.

Il s'agit bien de papa !.. C'est mon beau-père et maman qui m'annoncent leur arrivée pour la semaine prochaine.

RENNELEY, saisi.

Comment ?

SIMONNE, avec une pointe d'ironie.

Oh ! tranquillisez-vous ! Ils n'habiteront pas ici. (D'un air dégagé.) Je suis même chargée de leur louer une villa. Il la faudrait tout près du port, à cause du yacht, avec une dizaine de chambres, un billard, une galerie sur la mer, une remise pour l'auto...

RENNELEY, soupçonneux.

Tant de choses, dans une dépêche ?

SIMONNE, sèchement.

Oui. (Ironique.) Vous me donnerez un bon avis ?

RENNELEY, avec une bonhomie à peine narquoise.

S'il n'en faut qu'un !.. Priez-les de naviguer un peu sur leur yacht. Ça leur permettra d'ajourner leur débarquement jusqu'au retour de votre père à Paris.

SIMONNE, ironique.

Vraiment !.. Et vous croyez que j'écrirai cela à maman ?

RENNELEY.

Voulez-vous que je vous dicte la lettre ?

SIMONNE, sèchement.

Non. (D'un ton décidé.) Maman et mon beau-père ne sont pas nos invités. Vivant chez eux, ils sont libres d'aller où il leur plaît, quand il leur plaît. D'ailleurs, la plage est assez vaste !..

RENNELEY, sérieux.

Elle ne l'est pas assez pour qu'on ne puisse craindre des rencontres fâcheuses.

SIMONNE, avec impertinence.

C'est à ceux qui craignent ces rencontres-là, à les éviter en restant chez eux.

RENNELEY, très calme, doucement.

Vous oubliez que votre père sera notre hôte, et qu'il importe que nous veillions à sa tranquillité et à son bien-être. Vous ne songez pas davantage à la situation très délicate, dans laquelle nous serions placés. Vous-même, vous seriez la première à ne souffrir. Au lieu de voir votre mère librement...

SIMONNE, se rebiffant.

Et qui m'en empêcherait ? Vous ?..

RENNELEY, très doucement.

Mais non ! Mais non ! Pas moi ! La force des choses !..

SIMONNE, agressive.

Bon ! Bon !.. Quand vous faites une promesse, avez-vous l'habitude d'y introduire des restrictions mentales ?

RENNELEY.

Comment ?..

SIMONNE, avec une grande âpreté.

Dame ! quand nous nous sommes fiancés, vous m'avez dit textuellement — ce ne sont pas des paroles qu'on oublie ! — « Vous serez toujours libre » de voir votre mère, où et quand vous voudrez. » Je me demande, j'ai le droit de me demander, si vous n'avez pas ajouté mentalement : « à moins que par la force des choses !.. »

RENNELEY, très maître de lui.

Vous avez tort, et vous voulez me mettre en colère.

SIMONNE, agressive.

Je constate que vous manquez à vos engagements. Voilà tout !

RENNELEY, doucement, mais avec beaucoup de fermeté.

Il faut entendre les conventions d'une manière judicieuse. Je n'ai jamais dit ni pensé que je prêterais les mains à un conflit qui serait désobligeant pour tout le monde.

SIMONNE, légèrement.

Arrangez-vous ! Ce n'est pas moi qui ai eu l'idée d'engager papa !..

RENNELEY.

Ah ! ah ! nous y voici !..

SIMONNE, impertinente.

Vous ne voyez pas de villa à m'indiquer? Non?
(Remontant.) C'est bien. Je chercherai toute seule.

RENNELEY, toujours maître de lui.

Prenez garde !

SIMONNE, s'arrêtant et se retournant.

Quoi ?

RENNELEY, très ferme.

Je croirai que vous êtes pour quelque chose dans
la décision de votre mère.

SIMONNE, décontenancée, mais se reprenant vite.

Maman ne prend conseil que d'elle — comme je
fais, moi !

RENNELEY, sans aigreur.

Comme vous faites, vous ! Toujours ces idées d'indépendance !..

SIMONNE.

Ne vous en prenez qu'à vous. Je vous ai prévenu.

RENNELEY.

Pardon. J'ai toujours réservé ce qui touche à la
famille.

SIMONNE.

Je vous défie de me prouver que j'ai tort.

RENNELEY.

Vous avez reconnu cependant que nous ne devions
pas nous brouiller avec votre père. Quels que puis-
sent être vos griefs contre lui, il vous aime, Simonne,
et vous vous en voudriez, j'en suis certain, si vous
l'imaginiez seul et chagrin, à cause de vous.

SIMONNE.

Si nous entamons ce chapitre, mon ami, je vous
rappellerai que vous m'aviez promis d'aimer maman.

RENNELEY, très doucement.

Mais je ne demande qu'à l'aimer, votre mère.
C'est vous qui me la feriez détester!.. Comprenez-
moi. Quand nous discutons, je vous oppose des raisons; vous, vous m'opposez tel ou tel de vos amis
ou de vos proches, et que vous vous tourniez du côté
de votre mère, ou de votre cousine Clairette, ou de
n'importe qui, ce ne sont pas des arguments que
vous cherchez, ce sont des alliés. Sentez-vous ce que
le procédé a de blessant ?

SIMONNE, songeuse.

Ce n'est pas ma faute. Les milieux où j'ai vécu,
étaient si inconciliables, et des mêmes faits on ti-
rait, ici et là, des conclusions si discordantes, que
les raisonnements pour moi n'ont plus guère de va-
leur.

RENNELEY.

Bon. Admettons-le. Est-ce un motif pour ne rien
entreprendre que ce ne soit contre quelqu'un ? Ja-
dis — je m'en aperçois aujourd'hui — c'était contre
votre père; maintenant, c'est contre moi. Dans l'u-
nique but de me contrecarrer, vous seriez capable
de la plus grande sottise, alors même qu'elle vous
nuirait.

SIMONNE.

Si vous ne me faisiez pas toujours la leçon !..

RENNELEY.

Qui vous la ferait ? Comment ne vous apercevez-
vous pas qu'à force de tout compliquer, de tout

pousser à l'extrême, c'est vous qui vous créez ces difficultés, ces chagrins, dont vous rendez les autres responsables ?

SIMONNE.

Vous dites cela pour me dominer.

RENNELEY.

Mais non. Et la preuve, c'est que je suis prêt à vous céder, chaque fois que vous aurez raison, et — j'ajoute — à transiger, quand vous n'aurez pas tout à fait tort. Croyez-moi, Simonne, le bonheur est là : dans les concessions réciproques.

SIMONNE.

Soit. Commencez ! Ecrivez à papa que nous ne pouvons le recevoir.

RENNELEY, doucement, en souriant.

J'ai dit : des concessions réciproques !

SIMONNE.

Voyons les vôtres.

RENNELEY.

Vous demanderiez à votre mère de différer un peu son arrivée et, moi, je découvrirais quelque motif plausible pour écourter le séjour de votre père. Cela vous irait-il ?

SIMONNE, ébranlée.

Si j'étais sûre de ne pas m'en repentir...

RENNELEY.

C'est une épreuve à tenter. Essayons.

SIMONNE, le regarde, hésite une seconde, puis :

Eh bien, j'écrirai à maman que je lui ai trouvé une villa qui ne sera vacante que dans quinze jours. Etes-vous content ?

RENNELEY, souriant.

Mettez : trois semaines.

SIMONNE.

Non. Quinze jours !.. Nous transigeons.

RENNELEY.

Soit.

SIMONNE, allant à lui pour qu'il l'embrasse.

Alors, signez. Là !

RENNELEY, l'embrassant.

Ah ! quand vous voulez !.. quand tu veux !..

SIMONNE.

Si tu voulais moins, toi !..

SCÈNE V

LES MÊMES, MADAME LOISELLE.

MADAME LOISELLE, entrant en coup de vent.

Ah ! mes amis ! mes amis ! Devinez !.. Non. Vous
ne devinerez pas !

SIMONNE.

Qu'y a-t-il ?

MADAME LOISELLE.

Les Janzé ne sont pas mariés !

SIMONNE, offusquée.

Les Janzé !

RENNELEY, souriant.

Je m'en doutais.

MADAME LOISELLE.

N'est-ce pas ? Ils s'aimaient trop !.. Et voulez-vous

connaître le nom de Pauline? Le vrai! le seul!...
Mademoiselle Gorju!

Elle rit.

SIMONNE, riant malgré elle.

Gorju !

MADAME LOISELLE.

Ce que j'en ai ri!... Et ça voulait m'humilier! Ça
dédaignait le divorce!... Tiens! pour le service qu'il
pouvait lui rendre!.. Gorju! Mademoiselle Gorju!

Elle rit de plus belle.

RENNELEY, froidement.

J'espère que vous vous en tiendrez à ce petit accès
de gaîté sauvage?

MADAME LOISELLE, révoltée.

Comment! On s'est introduit chez nous à l'aide
d'une fausse clef, et vous m'empêcheriez de crier :
au voleur!... Ah! non!

SIMONNE.

Elle a raison !

RENNELEY, très net.

Vous, ma chère amie, je vous serai obligé de ne
pas vous mêler de cette affaire. S'il y a un coupable,
c'est M. Janzé, et cela me regarde.

MADAME LOISELLE.

Mais M. Janzé est à Paris.

RENNELEY.

Raison de plus pour attendre.

MADAME LOISELLE.

Laissez les femmes régler entre elles leurs diffé-
rends. Vous n'y entendez rien de rien.

RENNELEY.

Je l'espère. Mais, que vous le vouliez ou non,

comme vous êtes la cousine de Simonne et que vous n'avez plus de mari, c'est moi, pour le moment, qui suis responsable de vos actes. Je ne le regrette pas moins que vous, soyez-en convaincue. Encore faut-il que je sache à quoi je m'engage. De qui tenez-vous vos... informations ?

MADAME LOISELLE.

De Poulard. C'est tout dire.

RENNELEY.

Qu'est-ce que c'est que ça, Poulard ?

MADAME LOISELLE.

C'est un homme admirable. Celui à qui je dois mon divorce.

RENNELEY.

Et que fait-il ?

MADAME LOISELLE.

Il fait des recherches.

RENNELEY.

C'est un agent de renseignements.

MADAME LOISELLE.

Je ne sais pas comment ça s'appelle.

RENNELEY.

Vous avez de jolies connaissances !... Enfin, c'est à votre instigation que ce... personnage s'est enquis de l'état civil de madame Janzé.

MADAME LOISELLE.

Sans doute !

RENNELEY.

Et cette idée-là ne vous gêne pas un peu ? non ?... elle ne vous révolte pas ?

MADAME LOISELLE.

Pourquoi? A quel propos?...

RENNELEY.

Vous ne comprenez pas que, quels que soient les torts de madame Janzé envers vous, vous avez fait cent fois pis qu'elle, en employant ce mouchard ?

MADAME LOISELLE.

Mon cher, lorsqu'on se pique de vivre dans le monde et qu'on y réclame des avantages, il faut se soumettre à ses lois. C'est de l'équité et du bon sens.

SIMONNE.

Elle a encore raison.

RENNELEY.

Eh! quoi! Simonne! C'est vous!...

SIMONNE.

Vous n'allez pas m'imposer des gens tarés!

RENNELEY, très vivement.

Je vous défends de ramasser dans la boue...

SIMONNE, s'exclamant.

Vous me défendez !...

MADAME LOISELLE, de même.

Dans la boue !...

SIMONNE.

Voilà comme vous me récompensez !...

RENNELEY.

Mais ayez donc confiance en moi! Je suis aussi in-téressé que vous à ce que vous ne fréquentiez pas des gens suspects. Ce qui m'indigne, ce sont les procé-dés de votre cousine, comprenez-le !

SIMONNE.

Eh bien, n'en parlons plus, puisqu'ils vous choquent. Venons-en au principal. Continuerai-je à voir madame Janzé, dites ?

RENNELEY.

Vous savez que je n'ai jamais eu beaucoup de tendresse pour M. Janzé. En toute autre circonstance, par suite, j'accepterais sans trop de regret l'idée d'une rupture. Mais votre cousine m'a tout l'air de chercher un scandale. Et cela, je vous jure que je m'y opposerai.

MADAME LOISELLE, provocante.

Il semble que vous ayez peur de M. Janzé !...

RENNELEY.

Je n'ai pas peur de M. Janzé, puisque je ne demande qu'à l'attendre. Je suis prêt à recevoir un coup d'épée, s'il le faut. Je proteste seulement contre une cruauté inutile, odieuse !... (A Simonne.) Quel besoin avez-vous d'humilier cette femme ?

MADAME LOISELLE, ironique.

En effet, n'est-ce pas ? à première vue...

RENNELEY, s'adressant toujours à sa femme.

Vous tenez à rompre ? Oui ?... Soit ! Trouvez un prétexte honnête, acceptable !... C'est d'autant plus facile que personne ici ne sait rien, et que madame Janzé elle-même est la dernière qui soupçonne que vous êtes instruite. Rien ne vous empêche de faire naître, au tennis, une dispute sur un coup douteux : il n'en faut pas tant pour se brouiller.

SIMONNE, farouche.

Vous me ferez toujours la leçon !

MADAME LOISELLE, ironique.

Laisse !... Au besoin, nous pourrions tricher !

RENNELEY, se dominant.

Simonne, n'écoutez pas votre cousine. Souvenez-vous que je vous ai mise en garde contre vous-même. Ne vous butez pas.

SIMONNE, mauvaise.

Ah ! vous m'ennuyez !...

RENNELEY, dans un emportement chagrin.

Dans l'instant où je vous cède ! Quand je me prête à une rupture, que la conduite de madame Janzé rend injustifiable ! — C'est bon. Agissez comme il vous plaira. Je saurai bien veiller sur vous, malgré vous !

Il sort par la droite.

SCÈNE VI

SIMONNE, MADAME LOISELLE. Puis, M. DE BRAC. Puis, PAULINE.

SIMONNE.

Ah ! il me défie !...

MADAME LOISELLE, inquiète.

C'est qu'il est capable de l'avertir.

SIMONNE.

Impossible. Il serait forcé de tout lui avouer.

MADAME LOISELLE.

C'est vrai. (Triomphante.) Alors, nous la tenons !

SIMONNE, déconcertée par la joie de sa cousine.

Oh ! Nous la tenons ! Nous la tenons !... Nous n'allons pas, non plus, la manger vive !... Il suffit qu'elle sente que nous ne sommes pas ses dupes.

MADAME LOISELLE, malignement.

Si ce n'est que cela, elle n'est pas sans le supposer déjà.

SIMONNE.

Comment ?

MADAME LOISELLE.

Ah ! voilà ! C'est que je n'ai pas tout dit. J'en ai gardé, tu conçois, quand j'ai vu que ton mari prenait les choses au tragique. Il est si peu femme !...

SIMONNE, inquiète.

Qu'est-ce que tu as fait encore ?

MADAME LOISELLE.

Je n'ai fait que suivre les indications de Poulard. Comme il lui restait des doutes, il a expédié, dans une enveloppe au nom de mademoiselle Pauline Gorju, grand hôtel etc... une simple feuille de papier blanc. Et moi, je me suis arrangée à ce qu'on glissât le tout dans le courrier de notre sainte Nitouche...

SIMONNE, saisie.

Tu as osé !...

MADAME LOISELLE.

Poulard m'avait écrit : si elle rend l'enveloppe, elle sera très forte ; mais la peur ou la curiosité l'emportent toujours.

SIMONNE.

Et elle n'a rien rendu ?

MADAME LOISELLE, triomphante.

Rien du tout !

SIMONNE, avec une impression de soulagement.

Alors, elle ne viendra pas!

MADAME LOISELLE, méprisante.

Elle!...

SIMONNE, avec une satisfaction qu'elle ne dissimule pas.

Elle ne peut pas venir! Elle inventera quelque chose... Son mari l'aura rappelée!... Ah! tiens! tu as eu une bonne idée!...

MADAME LOISELLE, ironique.

N'est-ce pas? On évite toute espèce d'explication.

SIMONNE.

Oui. C'est préférable.

MADAME LOISELLE, insidieusement.

Et puis, ça fera plaisir à ton mari.

SIMONNE, décontenancée.

Si tu crois que j'ai peur!...

MADAME LOISELLE, méprisante.

Peuh! Vous n'êtes pas plus braves, l'un que l'autre.

SIMONNE, se rebiffant.

Bon! Bon! qu'elle vienne!... tu verras! (Entre de Brac ; allant à lui, nerveuse.) M. de Brac!... Vous arrivez pour la partie?...

M. DE BRAC, saluant Simonne.

Je suis même un peu en retard, excusez-moi. (Il a salué madame Loiselle.) Je n'aperçois pas madame Janzé. (Madame Loiselle et Simonne échangent un sourire, Pauline entre par le fond.) Ah! la voici!...

MADAME LOISELLE, avec impertinence.

Où donc?

DE BRAC, souriant en montrant Pauline, qui descend

Mais...

MADAME LOISELLE, insolente.

Je ne vois pas.

PAULINE, s'avançant, souriante, mais un peu inquiète ; tâchant de témoigner d'une assurance qu'elle n'a pas ; à Simonne :

Pardonnez-moi, madame, de vous avoir fait attendre.

SIMONNE.

Oh ! nous ne vous attendions plus !... N'est-ce pas, Clairette ?

CLAIRETTE, railleuse.

En effet.

DE BRAC, ingénument.

Cependant, madame est arrivée bien peu de temps après moi...

MADAME LOISELLE.

Qui est-ce qui vous demande quelque chose ?

DE BRAC.

Ah ! permettez ! Je suis aussi fautif !...

Renneley paraît à droite.

MADAME LOISELLE, à mi-voix, vivement, à Simonne.

Ton mari !

SIMONNE, qui allait sortir, s'arrêtant.

Lui !

PAULINE, qui ne peut voir Renneley — avec hésitation.

Bref, on ne joue pas ?

SIMONNE, agressive, hautaine, soulignant le « Mademoiselle ».

Non, Mademoiselle.

PAULNIE, douloureusement.

Quoi, madame! C'est vous !...

SIMONNE, à madame Loiselle.

Sortons !

PAULINE, avec plus de douleur que d'indignation.

Et c'est vous aussi qui avez imaginé ce stratagéme ignoble!...

SIMONNE, honteuse, vivement.

Oh ! pour cela !...

PAULINE, sincère.

Ah ! tant mieux ! (Avec mépris.) C'était si bas, si lâche, quand on me savait seule, sans défense...

SCÉNE VII

Les Mêmes, RENNELEY.

RENNELEY, qui est descendu en scène.

On se trompait. Voulez-vous me faire l'honneur, madame, d'accepter mon bras?

PAULINE, confuse et profondément touchée.

M. Renneley !...

Elle lui prend le bras, et elle remonte avec lui.

MADAME LOISELLE, à mi-voix.

Quel aplomb !

SIMONNE, à madame Loiselle.

Attends ! (Très haut.) M. de Brac !...

RENNELEY, vivement.

M. de Brac nous accompagne. N'est-ce pas, monsieur ?

DE BRAC.

Du moment qu'on ne joue plus au tennis !...

Il sort avec Renneley et Pauline.

SCÈNE VIII

SIMONNE, MADAME LOISELLE puis GERMAINE
et NÉRIS.

MADAME LOISELLE, avec éclat.

Si tu ne divorces pas, après ça !...

SIMONNE, entre ses dents.

J'aurai ma revanche, n'aie pas peur. Je l'aurai ici
même, avant qu'il soit longtemps !

MADAME LOISELLE.

Ce n'est que grâce au divorce que tu reconquerras,
comme moi, ton indépendance, ta dignité de femme !..

SIMONNE, avec aigreur.

Où prends-tu que j'aie abdiqué ? Je n'ai dû qu'à
la stupeur !... Je m'attendais si peu !... (Germaine et
Néris viennent d'entrer.) Ah ! Germaine !

Elle court à elle.

GERMAINE, souriant.

Nous pensions vous rencontrer au tennis. Votre
partie est déjà finie ?

SIMONNE, très nerveuse.

Nous n'avons pas joué !... Mais, si tu étais arrivée
deux minutes plus tôt, tu aurais assisté à un spectacle autrement intéressant. Mon mari vient de m'in-
fliger un affront !...

GERMAINE, saisie.

Un affront ? à toi !

NÉRIS.

Ce n'est pas possible.

SIMONNE.

Demandez à Clairette. Il a osé offrir son bras, devant moi, à cette Pauline, qui n'est pas plus madame Janzé que toi, et que nous avions démasquée preuves en mains.

MADAME LOISELLE, qui s'est assise.

Il s'est même montré d'une insolence !...

GERMAINE, à Simonne.

Voyons !... Voyons !... Commence par te calmer !...

NÉRIS.

Votre mari est peut-être excusable...

SIMONNE, farouche.

Non.

MADAME LOISELLE, l'encourageant.

Bien !

GERMAINE, à madame Loiselle.

Ne l'excitez pas !...

MADAME LOISELLE.

Vous vous figurez que je n'ai pas eu ma part !

GERMAINE, à madame Loiselle.

Pourquoi vous en êtes-vous mêlée ? (A Simonne.) Veux-tu que papa aille trouver M. Renneley ?

Néris, qui écoutait avec émotion, descend un peu.

SIMONNE, sèchement.

Inutile.

GERMAINE, amicalement.

Veux-tu que j'intervienne, moi ?

MADAME LOISELLE.

Elle n'a qu'une chose à faire, c'est de divorcer.
Quand un mari s'est oublié à ce point-là !...

NÉRIS, avec une douce ironie.

Ça rappelle à d'autres leurs malheurs.

MADAME LOISELLE.

Hein ?

NÉRIS, railleur.

Je ne parle que pour moi.

SIMONNE, qui causait avec Germaine ; catégorique.

Non ! Non ! Non !... (Avec aigreur.) Je n'ai eu qu'un
tort. C'est de lui céder, une fois. Je lui avais promis
d'écrire à maman...

GERMAINE, vivement.

Le voici !

SCÈNE IX

LES MÊMES, RENNELEY.

Néris est remonté rapidement à la rencontre de Renneley.
Germaine est entre Renneley et Simonne. Madame Loiselle
demeure isolée.

NÉRIS, à mi-voix, à Renneley.

De la prudence, mon cher. Prenez sur vous...

RENNELEY, entre haut et bas, à Néris.

Ah ! vous êtes au fait !

Il descend.

SIMONNE, agressive.

J'espère que, si vous revenez, c'est pour vous excuser.

Germaine rejoint son père. Simonne et Renneley sont
seuls au premier plan.

RENNELEY, avec une gravité triste.

De quoi ? De n'avoir pu vous épargner la sottise
que je vous avais prédite, ou d'avoir atténué l'effet
d'une mauvaise action ?

SIMONNE, farouche.

C'est vous qui avez mal agi ! Vous m'avez offensée
cruellement devant tous.

RENNELEY, avec une grande fermeté.

Vous ne deviez pas m'y forcer, en adoptant une
conduite indigne de vous. (Avec une émotion contenue.)
Ce n'est pas votre faute, du reste, si le scandale n'a
pas été plus grand.

SIMONNE, agressive.

Il me fallait bien en appeler à un défenseur, puisque c'était vous qui m'abandonniez !

RENNELEY, douloureusement.

Ingrate !... Je ne vous ai jamais mieux protégée !

SIMONNE, sèchement.

Alors, ne me protégez plus. Sans quoi ce serait fini
entre nous !

RENNELEY, très net, très énergique.

Il y a des limites que je ne vous laisserai pas fran-
chir.

SIMONNE, révoltée.

Ah ! mari que vous êtes ! Parce que je vous ai cédé
une fois, vous croyez que je me suis mise à votre merci.
Vous vous trompez, mon cher. Et, comme entrée de
jeu, je vous en avertis, je n'écrirai pas à maman.

RENNELEY.

Vous revenez sur vos promesses ?

SIMONNE.

Puisque vous en abusez !... D'ailleurs, tenez-vous
les vôtres ? Non... (Catégorique.) J'ai du jugement, j'ai
une volonté, je ferai dorénavant ce qui me plaira.
(De haut.) J'espère que vous n'en doutez plus ?

Elle remonte.

RENNELEY, prêt à s'emporter.

Simonne !...

SIMONNE, s'arrêtant et le regardant provocante et narquoise.

Vous savez : il y a le divorce !

Elle remonte.

MADAME LOISELLE, la suivant.

A la bonne heure !

Simonne et madame Loiselle sortent par le fond.

SCÈNE X

RENNELEY, GERMAINE, NÉRIS.

RENNELEY.

Mais le mariage ainsi compris, c'est une bataille !..
et de tous les instants !...

Il se laisse tomber sur une chaise près de la table, et
prend sa tête entre ses mains.

NÉRIS.

Il est vrai que...

GERMAINE, lui coupant la parole.

Père ! (A Renneley.) Excusez votre femme, monsieur
Renneley. Elle subit l'influence de sa cousine, qui est
dans son rôle, on le conçoit, en préconisant le divorce.

RENNELEY.

Je reconnais que madame Loiselle a une fâcheuse influence sur Simonne. Mais ce ne serait pas madame Loiselle, ce serait une autre... Simonne n'écoutera jamais que les gens qui me sont hostiles.

GERMAINE.

Simonne est la victime de l'éducation en partie double qu'elle a reçue, et qui lui a donné une fausse conception de la vie. Patientez. Elle vous rendra justice. Le temps est un bon maître.

RENNELEY.

Il faut bien que je vous croie, puisque vous avez subi la même éducation, traversé les mêmes épreuves ; et, cependant, si je compare...

GERMAINE, se tournant vers Néris.

Demandez à mon père le mot de l'énigme. Le peu que je vaux, c'est à lui que je le dois...

NÉRIS, vivement.

Erreur ! c'est à elle au contraire que j'ai dû...

GERMAINE, souriant.

Eh bien, nous nous sommes améliorés, l'un par l'autre. Si tu veux !

RENNELEY.

Ne vous appelle-t-on pas ici le ménage d'amoureux ?

NÉRIS, souriant.

Oui. (Montrant Germaine.) Je la compromets.

GERMAINE.

Qu'importe ! puisque je ne me marierai pas.

RENNELEY.

Vous, mademoiselle ?

NÉRIS.

Imaginez qu'elle a déniché dans mon code un article 295...

GERMAINE.

Oh! papa! je te défends...

RENNELEY.

Vous piochez le Code, mademoiselle?

GERMAINE.

J'ai assez de griefs contre la loi!... (A son père.) Je ne te confierai plus rien, à toi!

NÉRIS.

Si je pouvais te guérir de certaines idées...

RENNELEY.

Il est donc bien extraordinaire, cet article 295?

GERMAINE.

Jugez-en. Il décide que lorsque deux époux, qui ont divorcé, se remarient ensuite, l'un avec l'autre, il ne peut plus être question entre eux d'un nouveau divorce. D'où il suffit de se marier, de divorcer et de se remarier ensemble, pour être unis jusqu'à la mort. Comprenez-vous?

RENNELEY, songeur.

J'ignorais absolument...

NÉRIS.

Elle se figure qu'un homme raisonnable...

GERMAINE, l'interrompant, douloureusement.

Un homme dont les parents auront divorcé et qui aura souffert du divorce, autant que j'en ai souffert moi-même, souscrira à mes conditions plus aisément que tu ne crois. Quand bien même il ne s'y déciderait pas dans son propre intérêt, il y consentirait pour ses enfants, auxquels il voudrait assurer une jeunesse heureuse et cette tranquillité d'âme que je n'ai jamais connue !... (Vivement, à son père.) Ah ! tiens ! allons-nous en. J'en dirais plus que je ne veux.

NÉRIS, avec émotion.

Je te demande pardon, mon enfant.

GERMAINE, qui a pris le bras de son père ; à Renneley.

Jugez de Simonne par moi, et ne lui soyez pas trop sévère.

RENNELEY.

J'y consens... Cela dépendra d'elle...

Néris et Germaine remontent.

RENNELEY, demeure un instant pensif, puis lentement.

Article 295 !... La voilà, peut-être, la solution !

Rideau.

ACTE QUATRIÈME

Même décor.

SCÈNE PREMIÈRE

RENNELEY, assis devant une petite table et consultant un Code. NÉRIS et GERMAINE, entrant par le fond, Germaine tenant à la main une boîte à violon.

GERMAINE, à Renneley qui se lève.

Je ne suis pas en retard ?

RENNELEY.

D'une exactitude, au contraire... (Lui prenant la boîte à violon et la déposant près du piano.) Permettez !

NÉRIS.

Je vous laisse répéter. Je viendrai chercher Germaine à quatre heures.

RENNELEY.

C'est cela. Vous prendrez le thé avec nous.

NÉRIS, après une seconde d'hésitation..

Vraiment, vous ne désapprouvez pas Germaine de se donner ainsi en spectacle?...

RENNELEY.

Du moment que c'est pour la Société de Sauvetage...

GERMAINE, gaîment,

Papa a toujours peur qu'on ne m'enlève, et en même temps il se lamente parce que je ne me marie pas, voilà sa logique.

NÉRIS.

Eh! quand je serais jaloux!...

GERMAINE.

Va-t'en. Nous n'avons qu'une heure pour répéter.

NÉRIS, à Renneley.

Cela n'incommodera pas M. et madame Lebertin, cette répétition?

RENNELEY, gaîment.

Oh! mes beaux-parents sont sur la plage. Vous connaissez mon beau-père. Il n'y a pas d'homme qui ait des mœurs plus réglées. Après le déjeuner, il ne pourrait lire son journal ailleurs qu'au bord de la mer; puis, il rêve ou il dort — je n'ai jamais su au juste — et à quatre heures précises, il est ici pour le thé. Vous le trouverez à votre retour.

NÉRIS.

Madame Renneley est aussi sur la plage?

RENNELEY, railleur.

Ma femme est au Tennis-Club. Il paraît qu'il y a un Tennis-Club. C'est sa cousine Clairette — mon amie! — qui l'y a introduite.

NÉRIS, après avoir encore hésité un instant.

Vous savez que les Driver sont arrivés hier ?

RENNELEY, sérieux.

Oui, madame Loiselle me l'a annoncé triomphalement, ce matin.

NÉRIS.

Vous ne les avez pas vus ?

RENNELEY.

Non.

NÉRIS.

Et vous ne craignez pas ?...

RENNELEY.

J'espère qu'ils auront assez de bon sens pour rester où ils sont.

NÉRIS.

Vous ne voulez pas que je m'entremette ?

RENNELEY.

Non, merci.

NÉRIS.

Ce n'est pas par discrétion ?... Je n'ai pas besoin de vous dire que je serais heureux de vous obliger.

RENNELEY.

Je n'en doute pas, et je vous en suis reconnaissant. Mais j'ai réfléchi. Toute démarche, à l'heure actuelle, irait contre son but ; et, à supposer qu'on n'eût pas les idées que je soupçonne, je risquerais de les inspirer. Attendons. C'est le mieux.

NÉRIS.

M. et madame Lebertin sont-ils avertis ?...

RENNELEY.

C'est devant eux que madame Loiselle m'a annoncé l'arrivée des Driver.

NÉRIS.

Ah!... et qu'ont-ils dit?

RENNELEY.

Rien. Seulement mon beau-père a lancé à Simonne un de ces regards!...

GERMAINE.

Et Simonne?...

RENNELEY.

Il m'a paru qu'elle se mordait les lèvres pour ne pas rire.

NÉRIS.

Enfin!... Je souhaite que tout cela ne se termine pas trop mal.

RENNELEY, froidement.

Mon Dieu, il arrivera ce qui arrivera.

NÉRIS, un peu interloqué.

Ah!...

RENNELEY.

A tout à l'heure.

Néris sort par le fond.

SCÈNE II

GERMAINE, RENNELEY.

RENNELEY, redescendant.

Et maintenant, travaillons!...

GERMAINE, qui s'est approchée de la table, après avoir bien observé Renneley, et regarde le Code sans y toucher, mais voyant bien ce que c'est.

Qu'est-ce que c'est que ce gros volume, que vous lisiez avec tant d'attention à notre arrivée?

RENNELEY.

Vous ne reconnaissez pas le Code?

GERMAINE, qui s'est penchée.

En effet... et ouvert au titre du Divorce. (Elle se redresse.) Ah!   .

RENNELEY.

Regardez mieux.

GERMAINE, se penchant de nouveau, et lisant.

Chapitre IV. Des Effets du Divorce... (Souriant.) Vous en êtes déjà là?

RENNELEY.

Lisez.

GERMAINE.

Article 295. Tiens!

RENNELEY.

Vous connaissez?

GERMAINE.

Si je connais!... Mais à quel propos?...

RENNELEY.

Mettons que je l'étudiais à un point de vue philosophique.

GERMAINE.

Bah!

RENNELEY.

Voyez si cela n'est pas piquant. Nos aimables législateurs ne semblent s'être préoccupés qu'une seule fois de l'indissolubilité du mariage, et ç'a été pour en faire une peine. (Lisant.) « Après la réunion des époux, il ne sera reçu de leur part aucune demande en divorce. » Traduisez : ils seront condamnés à vivre unis à perpétuité.

7

GERMAINE.

Soit... Mais je ne suppose pas que vous ayez ouvert votre Code pour y chercher de pareils rapprochements.

RENNELEY.

Non.

GERMAINE.

Vous avez une arrière-pensée?

RENNELEY.

Oui.

GERMAINE.

Peut-on savoir?...

RENNELEY.

Je me demande comment vous feriez pour réaliser votre projet romanesque?...

GERMAINE.

Ah! ah!... vous avez mis ce temps-là!... huit jours!...

RENNELEY.

J'ai commencé par faire venir un Code.

GERMAINE.

Ah!

RENNELEY.

Et puis j'ai lu le titre du Divorce en entier... Cela peut servir!...

GERMAINE.

Bien. J'aime mieux vous avertir tout de suite que l'ironie ne vous va pas, et qu'avec Simonne elle serait dangereuse.

RENNELEY.

J'en suis convaincu.

GERMAINE.

Sérieusement, vous ne ferez que l'irriter.

RENNELEY.

Mais j'en tombe d'accord... Voyons. Dites-moi la façon dont vous vous y prendrez pour mener à bien votre double mariage ?

GERMAINE.

Vous voulez me donner le change.

RENNELEY.

Je vous assure que non.

GERMAINE.

Simonne a beaucoup d'estime pour vous ; son affection est profonde...

RENNELEY.

Et agressive.

GERMAINE.

J'ai besoin d'un Code. J'emporterai le vôtre. C'est dit ?

RENNELEY.

Maintenant que je l'ai lu...

GERMAINE.

N'importe. Supposez que Simonne l'aperçoive ?...

RENNELEY.

Eh bien ? Elle en conclurait qu'à force d'entendre le mot, on s'accoutume à la chose. Est-ce cela ?

GERMAINE.

Vous avez tort...

RENNELEY.

Non. Votre article 295 m'a ouvert de nouveaux horizons.

GERMAINE.

Lesquels?

RENNELEY.

C'est mon secret.

GERMAINE.

Je vous ai bien confié le mien.

RENNELEY.

Pas entièrement.

GERMAINE.

Que vous êtes curieux!... Voici la chose en deux mots. Le soir même du mariage civil, mon mari disparaîtrait. L'abandon est une injure grave. J'obtiendrais dans les six mois le divorce par défaut. Six mois après, le jugement serait définitif. Mon mari se montrerait. Nous nous reverrions publiquement durant les quatre mois qu'exige la loi. Ce délai expiré, nous nous remarierions à la mairie, nous nous marierions à l'église, et ce serait pour la vie. Comprenez-vous?

RENNELEY.

Oui. Mais si, le soir du premier mariage, votre mari ne disparaissait pas?...

GERMAINE.

Le lendemain, je dirais non au prêtre, et c'est moi qui m'en irais.

RENNELEY.

Et si durant l'année d'épreuve, votre mari se décourageait? S'il se laissait tenter ailleurs? Vous n'éprouveriez aucun regret...

GERMAINE.

Non. Je me féliciterais d'avoir recouvré ma liberté.

RENNELEY.

Avez-vous réfléchi aux vertus qu'exige l'effort que vous souhaitez : énergie, constance, fidélité aux promesses, dédain des foules?...

GERMAINE.

Oui. Il faudrait braver la calomnie et le ridicule... Mais comme on vit au delà!

RENNELEY.

C'est vrai. Le fossé ne paraît pas bien large, quand on vous connaît, et j'en sais qui auraient sauté!...

GERMAINE.

Travaillons.

Elle remonte.

RENNELEY.

Vous ne me demandez plus mon secret?

GERMAINE.

Je regrette déjà de vous avoir révélé le mien. Travaillons.

Elle tire son violon de la boîte.

RENNELEY.

A vos ordres. (Il va au piano.) Vous connaissez le programme ?

Il s'assied sur le tabouret, et cherche de la musique.

GERMAINE, tout en accordant son violon.

Je sais que l'orchestre du Casino répète la « Symphonie en ut » de Mozart.

RENNELEY.

S'ils consentent à la jouer dans le mouvement. Et mademoiselle Beaumerie ?

GERMAINE.

Vous savez qu'elle ne chante que du Massenet.

RENNELEY.

Elle le bêle si bien !.. Et nous ? que prendrons-nous ?

GERMAINE.

Pourquoi pas votre Menuet ?

RENNELEY, feuilletant des cahiers de musique.

Non. Mon « Intermezzo en mi bémol ». Voulez-vous ?

GERMAINE.

Ce ne sera pas trop difficile pour moi ?

RENNELEY.

Non. Voyez.

Il lui passe sa partie.

GERMAINE.

Essayons toujours.

Ils s'accordent.

RENNELEY.

Vous y êtes ?

GERMAINE.

Oui.

RENNELEY.

Attaquons. Je compte...

Il compte. Puis, ils jouent tous deux. Mais à la troisième mesure, ils sont interrompus par l'entrée de Simonne.

SCÈNE III

Les Mêmes, SIMONNE.

SIMONNE, sa raquette de tennis à la main ; impertinente et railleuse.

Oh ! que je ne vous dérange pas !.. Qu'est-ce que vous jouez ? Un duo ?

RENNELRY, très légèrement ironique.

Non. Ni duo, ni valse, ni quadrille... De la musique qui ne vous intéresserait pas.

SIMONNE.

Il paraît que vous vous entendez mieux avec Germaine qu'avec moi.

RENNELEY.

Si vous voulez jouer du violon, à sa place?..

SIMONNE.

Vous savez bien que je ne joue pas de violon.

RENNELEY.

Je sais très bien... (Montrant la raquette.) C'est comme moi pour le tennis.

SIMONNE.

Oui. Oui. Moquez-vous!

RENNELEY.

Je ne me moque pas. Je constate. (Un temps.) Nous pouvons continuer?

SIMONNE.

Si vous voulez !..

GERMAINE, à mi-voix, à Renneley.

Non. Je m'en vais.

RENNELEY, à mi-voix.

Restez. (Haut.) Reprenons.

Ils reprennent. Simonne les regarde, l'un et l'autre, d'un air haineux ; puis elle remonte, pose sa raquette avec bruit, pousse les meubles, les change de place. Renneley et Germaine continuent à jouer comme si de rien n'était.

RENNELEY, tout en jouant.

Plus lent... Plus lent...

GERMAINE.

Comme ça ?..

RENNELEY.

Encore... Bien...

SIMONNE, exaspérée.

Vous en avez pour longtemps ?..

RENNELEY, s'arrêtant.

Cela vous ennuie ?..

SIMONNE.

Cette musique est énervante !.. énervante !..

RENNELEY.

Allez sur la plage retrouver votre père...

SIMONNE.

Je suis fatiguée.

Elle s'assied près de la table où est le Code.

GERMAINE, à Renneley.

Nous pourrions répéter au Casino.

RENNELEY.

En effet... puisque c'est pour le concert...

SIMONNE.

Quel concert ?

RENNELEY.

Celui des Sauveteurs.

SIMONNE.

Vous joueriez, tous les deux ?..

GERMAINE.

Oui. Papa m'a autorisée.

SIMONNE.

Je le reconnais bien là !.. c'est grotesque... et puis, c'est inconvenant !..

GERMAINE.

Pourquoi ?

SIMONNE.

Tu devrais comprendre... Une jeune fille... Ce n'est pas ta place... Pas plus que celle de mon mari. Et puis, si vous montez sur la scène, j'y monterai aussi. Je dirai des monologues.

RENNELEY.

Vous êtes nerveuse.

SIMONNE.

Je dirai des monologues. Je dirai le « Pélican » de Musset.

Elle déclame rageusement.

« Lorsque le pélican, lassé d'un long voyage,
« Dans les brouillards du soir... »

(Elle scande les vers, en tapant sur la table. Sa main heurte le Code.) Qu'est-ce que c'est que ça ?

RENNELEY.

Regardez.

SIMONNE, ouvrant le Code et lisant.

Les Codes Français.

RENNELEY, railleur.

Oui. J'ai pensé qu'il vous serait agréable de les posséder. Vous pourrez de la sorte appuyer vos droits sur des textes. Le titre 5 traite du Mariage ; le titre 6, du Divorce. Ne me remerciez pas. (A Germaine.) Je vais m'entendre avec le Directeur du Casino pour nos répétitions.

Il sort par le fond.

SCÈNE IV

SIMONNE, GERMAINE.

SIMONNE, irritée.

Il me nargue, parce que tu es là !.. N'importe !
J'ai dit qu'il ne jouerait pas... je te jure bien qu'il
ne jouera pas avec toi.

GERMAINE.

Pourquoi? Voyons !..

SIMONNE.

Parce que je ne veux pas.

GERMAINE.

Encore faudrait-il donner une raison. Nous nous
sommes engagés...

SIMONNE.

Regarde-moi. Tu flirtes avec mon mari?

GERMAINE.

Moi ?.. oh ! Simonne !..

SIMONNE, frappée par l'accent sincère de Germaine.

Ou c'est lui... Ah ! je ne sais ! (Douloureusement.)
Tout à l'heure, en jouant cette damnée musique,
vous sembliez si étroitement unis ; vous partagiez si
visiblement le même plaisir ; votre indifférence à
mon égard était si claire, si nette, si probante que
lorsque vous m'auriez trompée sous mes yeux, je
n'aurais éprouvé rien de plus !

GERMAINE, avec une sorte de joie.

Ah ! tu es jalouse !.. tu es jalouse !.. Je savais
bien que tu l'aimais !..

SIMONNE, se reprenant, agressive.

Et qui en doutait? Lui?

GERMAINE.

Non pas. Mais tu le malmènes tant!.. Ecoute. Il t'aime profondément. Ne le taquine pas. Ne l'irrite pas...

SIMONNE, sèchement.

Nous avons des comptes à régler, lui et moi. Ne t'en mêle pas. Voilà tout ce que j'ai à te dire.

M. et madame Lebertin paraissent au fond, avec Renneley.

GERMAINE, tristement.

Tu doutes de mon amitié.

SIMONNE, menaçante.

Je te conseille de prendre garde. Rien de plus.

SCÈNE V

LES MÊMES, LEBERTIN, MADAME LEBERTIN, RENNELEY ; puis MADAME LOISELLE ; puis UN DOMESTIQUE.

M. et madame Lebertin reviennent de la plage, l'un avec son journal, l'autre avec son ouvrage.

RENNELEY, descendant avec M. et madame Lebertin.

Mais pas du tout ! pas du tout ! Je m'y oppose... ce sont des prétextes.

MADAME LEBERTIN.

Non. L'air de la mer ne me vaut rien. Je ne dors plus.

LEBERTIN.

Ni moi.

RENNELEY.

Ta ta ta... Je vous garde. Vous vous acclimaterez.

MADAME LEBERTIN.

Je vous certifie que nous avions consulté le médecin avant de partir, et qu'il n'était pas d'avis...

LEBERTIN.

Il m'a menacé d'une attaque.

RENNELEY, s'approchant de sa femme.

Vous entendez, Simonne? Votre père veut nous
quitter.

SIMONNE.

Si c'est son médecin qui le lui conseille...

RENNELEY, à mi-voix.

Vous savez bien que ce n'est pas son médecin...
Allons! un bon mouvement!..

SIMONNE.

Est-ce que ça se trouve dans le Code?

Elle remonte.

LEBERTIN, qui semble chercher quelque chose.

Vous n'aviez pas un Indicateur?

SIMONNE.

Il y en a un sur le piano.

LEBERTIN.

C'est juste. Le voici.

RENNELEY, à Lebertin.

Vous resterez, monsieur Lebertin.

LEBERTIN.

Non.

RENNELEY, à madame Lebertin.

Joignez vos efforts aux miens.

MADAME LEBERTIN.

N'insistez pas.

Entre, par le fond, madame Loiselle.

MADAME LOISELLE.

Bonjour! Bonjour ! . (A Lebertin.) Tiens ! Qu'est-ce que tu cherches ?

LEBERTIN.

L'heure du premier train pour Paris.

MADAME LOISELLE.

Ah !... (Allant à Simonne, à mi-voix.) Et ta mère qui me suit! Moi qui lui ai dit, de ta part, qu'elle te trouverait seule ! Je vais l'avertir.

SIMONNE, à mi-voix.

Pourquoi ?

MADAME LOISELLE, de même.

Ah ! ah ! tu veux la bataille, tout de même?

SIMONNE, de même.

J'ai une revanche à prendre. Tu en es ?

MADAME LOISELLE, de même, avec joie.

Je te crois! (Elle s'éloigne en riant. Durant cette convorsation qui a eu lieu au premier plan, Renneley est remonté, et il a aidé Lebertin dans ses recherches ; Germaine a rangé son violon, et elle cause avec madame Lebertin ; madame Loiselle les rejoint.) Bonjour, tante Pénélope !

Un domestique est entré. Il présente, sur un plateau, une carte à Renneley.

RENNELEY, après avoir regardé la carte.

Dites que nous n'y sommes pas.

SIMONNE.

Attendez ! (Elle s'approche, prend la carte sur le plateau, la regarde.) Faites entrer !

Le domestique sort.

LEBERTIN, qui a deviné et fait signe à sa femme.

Nous nous retirons.

Il se dirige vers la porte de droite.

RENNELEY.

Je vous prie de rester, monsieur Lebertin, et vous aussi, madame. Vous êtes ici chez moi, chez vous. Vous ne céderez la place à personne.

SIMONNE.

Chacun est libre !

Elle va au devant des visiteurs.

RENNELEY, à Lebertin.

Je vous demande cela comme un service personnel.

MADAME LEBERTIN, se rasseyant, et dépliant sa tapisserie : à Germaine.

Ne vous en allez pas, mon enfant.

Germaine s'assied à côté d'elle ; Simonne est remontée ;
Renneley cause avec Lebertin, tout en regardant vers
le fond, avec une irritation mêlée d'anxiété ; madame
Loiselle, un peu à l'écart, guette ; les Driver apparais-
sent sur la terrasse.

SCÈNE VI

LES MÊMES, LORD DRIVER, LADY DRIVER.

SIMONNE, sur la terrasse, s'adressant aux Driver.

Bonjour, maman. Bonjour, père. Vous êtes venus dans votre auto ?

LORD DRIVER.

Oui. Voulez-vous faire un tour avec nous ?

SIMONNE.

Impossible. Nous avons des invités.

LORD DRIVER.

Nous les emmènerons. On peut tenir huit...

> Il entre en scène, et il fait un haut-le-corps en apercevant les Lebertin. Il va à Renneley, qui s'est un peu avancé et le salue froidement.

RENNELEY.

Monsieur... (Le présentant à M. Lebertin.) Lord Driver... (Présentant Lebertin à Lord Driver.) M. Lebertin, mon beau-père.

LORD DRIVER.

Monsieur. (Il salue Lebertin qui lui rend correctement son salut ; puis, il s'incline devant madame Lebertin et Germaine, et il va à madame Loiselle.) Qu'est-ce que vous nous avez dit ? Que vous ne trouverions pas les Lebertin ?...

> SIMONNE, qui s'est un peu attardée avec Lady Driver, descend et dit.

Ma mère.

> Lebertin et madame Lebertin s'inclinent ; Germaine s'est levée.

LADY DRIVER, à Germaine.

Il paraît que nous vous applaudirons bientôt ?

GERMAINE, très gênée.

Ah ! vous savez, Madame ?...

LADY DRIVER.

N'est-ce pas mon gendre qui doit vous accompagner ?

SIMONNE.

Si je veux !

LADY DRIVER, riant.

Quel despote !... (A Germaine.) Je regretterais pour ma part...

GERMAINE, se dérobant.

Oh ! Madame !...

LADY DRIVER, à madame Lebertin, avec plus de légèreté que de complaisance.

Vous travaillez comme une fée, madame. Cette tapisserie est d'un arrangement, d'un goût...

MADAME LEBERTIN, levant à peine les yeux de dessus son ouvrage.

Vous trouvez, madame? C'est mon mari qui l'a choisie.

LADY DRIVER, impertinente.

Je vous félicite surtout de votre patience.

Elle va s'asseoir de l'autre côté de la scène, avec madame Loiselle ; Lord Driver se tient debout près d'elles deux ; Renneley est au fond avec Lebertin qu'ostensiblement il ne quitte pas ; Germaine s'est rassise à côté de madame Lebertin : cela fait deux camps bien tranchés.

SIMONNE, qui a suivi sa mère, à Lord Driver.

Tu ne t'assieds pas?

LORD DRIVER.

Je crains d'être indiscret, en prolongeant...

SIMONNE.

Mais pas du tout !

LORD DRIVER.

C'est la faute de ta cousine Clairette... Imagine-toi...

SIMONNE.

Bah ! Qu'est-ce que ça fait?... Prendras-tu du thé ou de la bière?

LORD DRIVER.

Du thé, naturellement.

SIMONNE.

Et toi, maman ?

LADY DRIVER.

Un peu de thé aussi, mais avec beaucoup d'eau chaude.

Simonne remonte et sonne. Au même instant, Néris se montre au fond. Il est accompagné par le domestique.

SCÈNE VII

Les Mêmes, NÉRIS, LE DOMESTIQUE.

Simonne donne des ordres au domestique. D'un commun mouvement, instantané, presque inconscient, Renneley, Lebertin, Lord Driver, vont à Néris, la main tendue. Germaine se lève. Les femmes sourient, saluent de la tête. Néris est fêté par tout le monde. Son entrée amène une courte détente.

NÉRIS, salue d'abord Simonne, puis il va à Renneley, à qui il serre la main, un peu gêné de voir dans le même salon les Lebertin et les Driver. — A Renneley.

La répétition a bien marché?

RENNELEY.

Fort bien.

NÉRIS, qui tenait à la main une Revue des *Deux Mondes*,
la remet à Lebertin.

Je vous rapporte la Revue du 15. Très curieux
l'article sur la Chine.

LEBERTIN, prenant la Revue.

Un peu long. Mais il y a des vues ingénieuses.

NÉRIS.

Savez-vous de qui il est ?

LEBERTIN.

Non.

LORD DRIVER, qui s'est avancé.

Vous parlez de l'article intitulé : « la Chine mu-
sulmane » ?

NÉRIS, se retournant, sans y prendre garde.

Précisément.

LORD DRIVER.

Il est d'un lieutenant de vaisseau, que je connais.

NÉRIS.

Ah !

Se rendant compte de la gaffe qu'il a commise, il se
tourne du côté de Lebertin ; mais celui-ci s'est éloigné
et, pour se donner une contenance, il montre à Renneley l'article dont on parle. Renneley, de son côté,
écoute Lebertin d'un air distrait, et considère Lord
Driver avec colère.

LORD DRIVER.

Un garçon d'avenir. Il a passé six mois à Pékin ;
ce sont des documents de première main.

GERMAINE, à Néris.

Papa, madame Lebertin a deux mots à te dire...

LORD DRIVER, s'effaçant avec courtoisie.

Faites ! faites ! Nous causerons tout à l'heure.

Il remonte vers Simonne, qui fait placer la table à thé
du côté de sa mère. Madame Loiselle s'est levée et
veut aider Simonne.

SIMONNE.

Non. Non. Cela regarde les jeunes filles. (Elle appelle.) Germaine !.. Germaine ! Viens donc m'aider.

MADAME LEBERTIN, à Germaine qui demeure fort embarrassée.

Allez, mon enfant. (A mi-voix.) Tâchez de m'envoyer Clairette. Elle va exaspérer son oncle.

Germaine remonte. Lord Driver descend avec madame
Loiselle. Tous deux viennent à Lady Driver.

LORD DRIVER.

J'aime beaucoup la mer. (A Lady Driver.) N'est-ce
pas, *dear*? (A madame Loiselle.) Elle m'a aidé à comprendre Tristan. (Il prononce : *Tristane*.) Ah! Tristan !
Vous connaissez Tristan ?

MADAME LOISELLE.

Non. C'est si difficile, Wagner.

LORD DRIVER, toujours enthousiaste.

Il faut l'entendre à Bayreuth ! Ah ! Bayreuth !
C'est le Temple, le Lourdes de la musique ! Eh ! eh !
On se baigne dans des ondes harmoniques. (Madame
Loiselle rit.) Non. Ne riez pas. Il se fait là des mira-
cles !...

Il continue à causer avec madame Loiselle, qui ne cesse
de rire. Aidée de Germaine, Simonne offre du thé et
des gâteaux à Lady Driver.

MADAME LEBERTIN, à Néris.

Si vous pouviez vous occuper de mon mari, Renneley trouverait peut-être moyen de mettre un terme
à cette scène pénible.

NÉRIS, regardant Renneley et Lebertin toujours à l'écart.

M. Lebertin m'a plutôt l'air de calmer Renneley. Mais d'où vient que votre nièce?...

MADAME LEBERTIN.

Clairette ne pardonne pas à mon mari d'avoir blâmé son divorce. Elle en veut aussi à Renneley de quelques appréciations...

Ils continuent à causer.

SIMONNE, ayant offert une tasse de thé à Lord Driver.

Germaine! (Germaine offre le sucre.) De la crème?

LORD DRIVER.

Yes, please.

SIMONNE.

Un gâteau?

Germaine offre une assiette de gâteaux.

LORD DRIVER.

Merci, mademoiselle. (Il a pris un des gâteaux et il y goûte.) Oh! *very nice!*

Simonne et Germaine vont offrir du thé et des gâteaux à madame Loiselle.

NÉRIS, toujours de l'autre côté de la scène, à madame Lebertin.

Mais, vous, on vous oublie.

MADAME LEBERTIN.

Ne faites pas attention.

NÉRIS.

Permettez, je vais...

MADAME LEBERTIN.

Non, monsieur Néris. Non, je vous en prie...

Mais Néris se dirige vers la table à thé.

LORD DRIVER, à madame Loiselle, qui s'est assise près de Lady Driver.

Il faut venir avec nous. Et, au retour, nous vous montrerons les châteaux du Roi de Bavière...

MADAME LOISELLE.

Les châteaux ! Combien y en a-t-il donc ?

Elle rit, ils causent.

SIMONNE, arrêtant Néris qui portait des gâteaux à madame Lebertin.

– Monsieur Néris ! Monsieur Néris ! Vous n'allez pas faire le service !

NÉRIS.

Mais, madame ..

SIMONNE, lui prenant l'assiette.

Non. Non Je m'y oppose. Une tasse de thé ?

NÉRIS.

Je crois que madame Lebertin...

SIMONNE, lui offrant la tasse.

Du lait ? de l'eau chaude ? Vous m'arrêterez...

NÉRIS.

Merci.

Les Lebertin et Renneley sont définitivement isolés.

RENNELEY, à Lebertin.

C'est trop fort ! Laissez-moi vous offrir...

LEBERTIN, le retenant.

Non. Je n'ai besoin de rien. (Lui montrant la revue, qu'il tient toujours ouverte.) Tenez ! voici un autre article, très curieux ..

Ils causent.

MADAME LOISELLE, riant.

Versailles ? Celui des perruques ?

LADY DRIVER.

Oui. L'œil-de-bœuf, la galerie des glaces. Tout y est.

LORD DRIVER.

Et c'est très charmant, cela ! Quitter Paris, fuir la France, et, à quelques *milles* de Munich, au milieu de ce lac de Chiemsee, retrouver Versailles... le palais de Versailles, *yes*... le même !.. Comme s'il était automobile !... Ah ! ça, c'est moderne ?

> Il remonte en riant et va causer avec Néris, Madame Loiselle rit. Elle reste près de Lady Driver. Simonne les rejoint bientôt.

LEBERTIN, à Renneley.

Je vous en conjure, ne vous fâchez pas. Tout cela semble prémédité ; mais on ne vise que moi.

RENNELEY.

Eh ! quand cela serait ! vous êtes mes hôtes...

LEBERTIN, à sa femme.

Assistez-moi, mon amie. Il ne faut pas qu'à cause de nous...

RENNELEY.

Ne vous inquiétez pas. J'ai mon plan. Tout n'en ira que mieux, ou alors...

MADAME LEBERTIN, à Renneley.

Venez près de moi...

> Elle le fait asseoir à côté d'elle, et elle essaie de le raisonner.

SIMONNE, à Lady Driver et à madame Loiselle, qui causaient gaîment.

Qu'est-ce que vous complotez ? Un voyage ?

LADY DRIVER.

Oui. Tu devrais en être.

SIMONNE.

Mon mari est si casanier !

MADAME LOISELLE.

Cependant, pour aller à Bayreuth ! Dans la piscine de la musique !

> Elle rit.

GERMAINE, qui a profité de cela pour apporter une tasse de
thé à madame Lebertin.

Une tasse de thé, madame?

MADAME LEBERTIN.

Non, merci. Ni thé, ni gâteaux.

GERMAINE, à Lebertin.

Et vous, monsieur?

LEBERTIN.

Ni moi non plus.

RENNELEY.

Vous qui avez l'habitude... (Il prend la tasse des mains
de Germaine.) Non. Vous ne me refuserez pas.

Mais ils refusent. Et Germaine remporte la tasse.

LORD DRIVER, à Néris.

Ne dites pas non. Je n'ai accepté d'organiser des
courses que parce que je comptais sur vous. Vous
monterez.

NÉRIS.

Impossible. Ma fille me le défend.

LORD DRIVER.

Alors, vous ferez le starter. J'ai découvert sur la
plage, hier, un excellent terrain...

LADY DRIVER, l'interrompant.

James!

LORD DRIVER.

What, dear?

LADY DRIVER.

Clairette ne s'est jamais arrêtée à Biarritz. Nous
pourrions l'y conduire avant dîner?

LORD DRIVER.

Oh! certainement. Il y a vingt-huit *milles, aller-re-*

tour. Malgré le vent, nous serions rentrés pour sept heures. (se tournant du côté de Néris.) Vous devriez venir, monsieur Néris, (s'adressant à Germaine.) et mademoiselle nous ferait un très charmant plaisir...

GERMAINE, vivement.

Excusez-moi, monsieur. Je suis un peu lasse. Et puis, le vent m'énerve...

LORD DRIVER.

Comment! Il n'y a rien de plus tonique. Les rafales fouettent le sang. Vous n'en serez que plus jolie *sur le retour*. *Well!* c'est décidé, je vous prends à côté de moi et je vous montre à conduire?...

NÉRIS, que Germaine regarde.

Non. Pas aujourd'hui.

SIMONNE, d'un ton résolu.

Comme vous voudrez. Moi, je vais mettre mon chapeau.

RENNELEY, s'est levé depuis un moment, il s'est avancé lentement vers le milieu de la scène et il se trouve maintenant près de Simonne.

Inutile, vous ne sortirez pas.

SIMONNE.

Plaît-il?

Mouvement. Lebertin et sa femme sont d'un côté; les Driver, Néris, Germaine, madame Loiselle, de l'autre. Renneley et Simonne occupent le milieu de la scène.

RENNELEY.

Vous ne sortirez pas. Je vous le défends.

SIMONNE, gouailleuse, avec un air de défi.

Vous me... ah! ah!

RENNELEY, lui saisissant le poignet.

Et je vous retiendrai au besoin par la force!

SIMONNE, poussant un cri.

Ah!

Lebertin, lord Driver, Nëris, se portent en avant, ins-
tinctivement.

LEBERTIN.

Renneley!

LORD DRIVER, en même temps, avec une grande vivacité.

You forget yourself, sir!

SIMONNE.

Vous êtes témoins!...

RENNELEY, lui lâchant le poignet; ironique.

Voilà en effet plus de témoins qu'il n'en faut!...
(Changeant de ton. Très calme.) Maintenant, je vous prie
de ne pas sortir.

SIMONNE, un peu étonnée et frottant son poignet.

Vous me priez?...

RENNELEY.

Oui, je vous prie...

LORD DRIVER.

Et nous, ma chère enfant, nous nous refusons absolument à t'emmener. Nous t'aimons trop, ta mère
et moi, pour ne pas nous effacer, quand on l'exige et
quelque ton que l'on prenne.

LEBERTIN, s'avançant.

Si quelqu'un devait vous répondre, monsieur...

MADAME LEBERTIN.

Mon ami!...

RENNELEY.

Ceci ne regarde que moi, monsieur Lebertin. Vous
me désobligeriez, en intervenant.

LORD DRIVER. à sa femme.

Let us go, dear. (A Simonne qui fait mine de les suivre.) Reste, Simonne.

SIMONNE.

Laisse-moi vous accompagner jusqu'à la porte.

LADY DRIVER.

A moins que ton mari ne le défende...

RENNELEY.

Je ne m'y oppose pas.

SIMONNE, scandant ses mots.

Soit. Mais si je reviens, c'est que je le voudrai!

Elle sort avec les Driver.

L'EBERTIN, à madame Loiselle.

Tu peux les suivre, Clairette. Nous ne te retenons pas.

MADAME LOISELLE, remontant.

Je fais ce qui me plaît. Je ne dépends de personne.

LEBERTIN.

Prends garde de t'envoler.

MADAME LOISELLE, revenant à Renneley.

C'est comme cela qu'on me parle chez vous?... Vous aurez de mes nouvelles, mon cher.

RENNELEY.

Je m'y attends.

Madame Loiselle sort par le fond.

NÉRIS.

Mon cher ami, nous sommes désolés d'avoir assisté à cette scène... fâcheuse... et que nous avons déjà oubliée, Germaine et moi...

RENNELEY, les accompagnant.

Je vous prie de vous en souvenir, au contraire.

NÉRIS.

Est-il possible !...

RENNELEY.

Vous me rendrez service. C'est dit? (Il lui serre la main, s'incline devant Germaine.) Mademoiselle...

GERMAINE.

J'en appelle à votre cœur.

Elle sort avec son père.

SCÈNE VIII

RENNELEY, LEBERTIN, MADAME LEBERTIN.

LEBERTIN.

Ce n'est pas sérieux. Vous n'allez pas, à cause de nous...

RENNELEY.

Permettez !...

MADAME LEBERTIN.

Laissez-moi parler à Simonne.

RENNELEY.

Ne vous occupez de rien. Vous ignorez ce que je veux, et votre intervention, si affectueuse qu'elle puisse être, ne ferait que retarder inutilement une explication nécessaire.

MADAME LEBERTIN.

Peut-être serait-elle moins vive...

RENNELEY.

Rassurez-vous. Je suis calme, très calme, tout à fait maître de moi... Voilà Simonne. Je vous en prie, laissez-moi seul avec elle.

LEBERTIN.

Allons ! ma femme...

MADAME LEBERTIN.

Ménagez-la.

Renneley s'incline.

LEBERTIN, à mi-voix à sa femme.

Et nous, occupons-nous de nos malles.

Ils sortent par la droite.

SCÈNE IX

RENNELEY, SIMONNE.

SIMONNE, provocante.

Vous pourrez remercier maman. Sans elle, je serais partie,

RENNELEY, très froid.

Vous auriez eu grand tort. La violence, dont j'ai usé devant témoins, suffit pour obtenir le divorce et il me semble inutile de le légitimer contre vous.

SIMONNE, ironique.

Bien ! Bien !... cette scène ridicule était préméditée ?

RENNELEY.

Tout comme la visite de votre mère.

SIMONNE.

Ma mère agit comme elle l'entend. Venons au fait.

RENNELEY.

Volontiers. Vous m'avez dit — combien de fois!
— que lorsque nous serions las de la vie que nous
menions ensemble, il nous resterait le divorce. Je
suis las, très las. Je demande la liquidation.

SIMONNE.

Vous ne m'avez jamais aimée.

RENNELEY.

Si. Mais je préfère mon repos.

SIMONNE.

Ou... Germaine.

RENNELEY.

Ce n'est pas Germaine qui m'éloigne de vous, Simonne; c'est vous-même... D'ailleurs je ne discute-
rai pas. Je suis un despote brutal et sournois, j'ai
sur le mariage des vues extravagantes. Je le comprends avec des garanties de sécurité, de dignité, qui
ne sont plus d'aujourd'hui. Soit. J'ai assez de cette
existence tourmentée, où, sous la menace constante
d'une rupture, vous ne songez qu'à satisfaire vos
caprices, ou vos rancunes; j'ai assez de ce mariage
qui n'est plus le mariage, mais je ne sais quelle union
libre, moins nette, moins franche, moins loyale que
la vraie! Et la vraie, je n'ai pas besoin de vous rappeler le cas que vous en faites !

SIMONNE.

Je vous déteste.

RENNELEY.

Je vous croyais du jugement, Simonne : je vous
croyais du cœur. Excusez-moi.

SIMONNE, sanglotant.

Je vous déteste.

RENNELEY.

Enfin, vous pleurez !

SIMONNE.

Adieu.

RENNELEY.

Pas encore. (Un temps.) Il nous reste peut-être un dernier moyen de nous entendre.

SIMONNE.

J'en doute.

RENNELEY.

Ecoutez-moi. Le divorce nous a gâté le mariage. Si nous supprimions le divorce, pensez-vous que nous pourrions être heureux ?

SIMONNE.

Je ne comprends pas.

RENNELEY.

Vous allez comprendre. (En l'amenant vers la table.) Venez ici, asseyez-vous, et ouvrez ce livre-là.

SIMONNE.

Le Code ?

RENNELEY.

Oui. (Il ouvre le Code.) Lisez le dernier paragraphe de cet article-ci. (Il lui montre l'article du doigt.) L'article est consacré en entier aux époux qui, ayant divorcé l'un avec l'autre, se remarient ensemble par la suite.

SIMONNE.

Comment ?...

RENNELEY.

Lisez.

SIMONNE, lisant.

« Après la réunion des époux, il ne sera reçu de
leur part aucune nouvelle demande de divorce. »

RENNELMY.

Commencez-vous à comprendre? Si nous divorçons
comme je le veux, et si nous nous remarions ensemble, comme je le désire, Simonne, ce ne sera plus
pour un temps, ce sera pour la vie, et alors...

SIMONNE.

Alors, vous espérez que vous me contraindrez...

RENNELEY.

J'espère que c'est vous qui vous contraindrez. J'ai
foi en la nécessité. Oui. Du reste, il ne dépendra que
de vous, puisque le divorce vous aura rendu votre
pleine liberté. Vous vous déciderez en connaissance
de cause.

SIMONNE.

Et si je refuse de divorcer?

RENNELEY.

Je vous abandonne. Ne me répondez pas. Ma résolution est formelle. Unis pour la vie ou libres. Ré-
fléchissez.

Il remonte et sort.

SIMONNE, songeuse.

Pour la vie!

Rideau.

———

ACTE CINQUIÈME

Même décor. Au printemps suivant.

SCÈNE PREMIÈRE

GERMAINE, NÉRIS, LE DOMESTIQUE.

NÉRIS.

M. Renneley ne vous a pas dit à quelle heure il rentrerait ?

LE DOMESTIQUE.

Non, monsieur.

GERMAINE.

Il n'est pas allé à Biarritz ?

LE DOMESTIQUE.

Non, mademoiselle.

GERMAINE.

De quel côté est-il parti ?

LE DOMESTIQUE.

Du côté de la Nivelle, dans la direction d'Ascain.

GERMAINE, après une seconde d'hesitation.

Seul ?

LE DOMESTIQUE.

Oui, mademoiselle.

GERMAINE.

C'est bien, merci.

Le domestique sort.

SCÈNE II

GERMAINE, NÉRIS.

NÉRIS.

Il serait plus sage de retourner à Biarritz.

GERMAINE, avec une grande nervosité et des gestes qui sont
en contradiction avec ses paroles.

Peut-être. Je n'ai pas dormi de la nuit. J'attendais
ce moment avec une impatience que tu t'imagines.
M'y voici. J'ai envie de me sauver. Mais non. Ce
serait lâche. Je reste. Après tout, mieux vaut le pire
que l'incertain.

NÉRIS.

Comment te blâmer ?... Et pourtant, pas de nouvelles, je crains que cela ne signifie mauvaises nouvelles. (Il lui montre, du geste, au dehors.) Regarde. Il
n'y a pas à en douter. Ce yacht blanc, c'est bien le
yacht des Driver.

GERMAINE, regardant au dehors.

Oh ! c'est bien lui. C'est sa coque effilée, et la lon-
gue flamme rose où s'inscrit la devise : Mon bon
plaisir... Tiens, lis-tu : plaisir !

NÉRIS.

Parfaitement. L'entrevue a donc eu lieu, hier, à la date fixée, six mois juste après le prononcé du divorce, et pour que Simonne ait été exacte au rendez-vous, pour que Renneley ne nous ait pas donné signe de vie, il faut... (Germaine se jette dans ses bras, et se cache la figure contre son épaule.) Là ! Là ! ce que je t'en dis, ce n'est pas pour augmenter ta peine. Au contraire ! Je voudrais t'épargner une scène pénible, inutile... Tu connais Renneley : quels que soient ses sentiments, tu ne le feras pas revenir sur une promesse. Toi-même, tu ne souffrirais pas qu'il y manquât. Alors ?... que vous direz-vous ?... Rien que de dangereux. Allons-nous en.

GERMAINE.

Attends ! La tempête d'avant-hier était si violente !.. Peut-être le yacht a-t-il relâché sur sa route ? Il ne serait donc pas arrivé hier, mais ce matin, mais tout à l'heure...

NÉRIS.

Ah ! quand on espère !...

GERMAINE, songeuse.

Et c'est maintenant qu'ils se rencontrent. (Montrant le yacht.) Et là !

NÉRIS.

Raison de plus pour nous en aller. Songe que Simonne peut accompagner Renneley, qu'ils nous surprendraient ici...

GERMAINE.

Est-ce que je me cache ?... Nous partirons demain pour l'Italie. Pourquoi ne ferions-nous pas, cet après-midi, nos visites d'adieu ?

NÉRIS.

Quel père imprévoyant et faible je suis !... C'est
ce matin qu'il fallait te résister quand tu voulais venir. A présent, je partage ton émotion, et je ne
trouve plus rien à répondre... Si ta mère était là,
elle me reprocherait la faveur qu'elle m'a accordée,
en te confiant à moi, cet hiver ; elle dirait que je ne
m'en montre pas digne, et elle n'aurait pas tort !

GERMAINE.

Oh ! papa !...

NÉRIS.

Non, je me vois tel que je suis. Déjà quand tu m'a-
vais parlé de quitter ta mère et de vivre avec moi,
tu te souviens ? j'avais hésité. Je m'avouais mon
ignorance et ma maladresse. J'en souffre aujourd'hui
que je constate où elle nous a menés. Va ! Je n'ai
droit ni à ton respect, ni à ton affection. Je suis un
mauvais père, et même lorsque je t'ai voulue heureuse, j'ai fait le malheur de ta vie.

GERMAINE.

Ne dis pas cela. Non. Les plus belles heures de
ma vie, ce sont celles que j'ai passées près de toi ;
c'est toi seul qui m'as réconfortée, encouragée ; je n'ai
pas de bon souvenir, auquel le tien ne s'attache ; tu
étais la tendresse, la joie, le sourire... ah ! père, tu
as été mon rayon de soleil !

NÉRIS.

Bien vrai ?

GERMAINE.

Bien vrai.

NÉRIS.

Tu n'es pas juste pour ta mère... (Germaine veut répondre.) Oh ! je sais !.. N'importe. Ma tâche était la

facile : je n'avais qu'à t'aimer, moi !... Si encore tu
avais été un pauvre être inintelligent ou difforme !
Si tu ne m'avais pas payé de retour !... Mais telle
que te voilà, Germaine, quel pourrait être mon mérite ?.. Non. Non. Je ne suis qu'un égoïste. Au lieu
de chercher à t'aveugler sur mes fautes, j'aurais dû
en tirer l'enseignement qui t'était nécessaire, et,
eussé-je assombri ces beaux yeux, j'aurais été moins
tendre pour que tu fusses moins sensible.

GERMAINE.

Ne regrette rien. J'eusse un peu plus souffert.
Voilà tout.

NÉRIS.

Qu'en sais-tu ?... Mon excuse, si j'en ai ai une,
c'est que je te voyais trop rarement, pour vouloir te
laisser, de nos brèves causeries, une impression fâcheuse. J'ai tout sacrifié à cela. Une petite moue, un
froncement de sourcil, c'était pour moi du tourment
pour toute la semaine. Je pensais : elle ne voudra
plus revenir, ou on ne me l'enverra plus, ou elle va
croire le mal que l'on dira de moi. Et je cédais, je
cédais toujours... J'essaie vainement de réagir. Il est
trop tard.

GERMAINE.

Père !...

NÉRIS.

Non. Non. L'épreuve est faite. Elle est concluante.
Je serai ton ami, ton confident ; mais ton guide, ton
conseiller, non. Il t'en faut un autre. (Mouvement de
Germaine.) Ecoute-moi jusqu'au bout. Si Renneley est
libre, je ne vois pas de mari qui te convienne mieux.
Mais que Simonne se soit assagie, qu'elle réclame sa
place et que Renneley la lui rende, comme il l'a

promis et comme il est prêt à le faire, tu devras prendre une résolution énergique. Nous voyagerons six mois, un an, le temps que tu voudras. Au retour, il faudra que tu te maries. Grâce au ciel, il y a encore d'honnêtes garçons !...

GERMAINE, lui mettant sa main sur les lèvres.

Père!... Tu n'es donc pas heureux avec moi?

NÉRIS.

Oh! Germaine! peux-tu croire?...

GERMAINE.

Eh bien, j'aurai de la raison pour deux, tu verras. Et puis, je vieillirai. Je veux m'occuper de petits orphelins, de déshérités. J'ai de grands projets. Tu m'aideras. Nous avons du chagrin, il faut en faire bénéficier les autres.

NÉRIS.

Chère enfant!...

GERMAINE.

Et si parfois nous songeons à l'absent; si notre tâche, loin de lui, nous paraît un peu lourde, alors... sais-tu ce que je ferai, père?...

NÉRIS.

Non.

GERMAINE.

J'évoquerai sa pensée. Ecoute.

Elle s'est assise au piano et chante.

Je me lamentais sur mon sort;
J'ai demandé : pourquoi la vie?
Révolté, j'ai haï la mort;
Fou que j'étais, stupide, impie!

La mort — pauvre homme qui la craint! —
La mort, mais c'est la raison d'être;

C'est le but, ce n'est pas la fin :
Pour nous mourir, ce sera naître !

Et toi qui trembles et gémis,
Aime le chagrin, la souffrance,
L'angoisse : ce sont des amis ;
Bénis-les: c'est de l'espérance !

Renneley est entré ; il s'est arrêté sur le pas de la porte, et il écoute avec une émotion croissante.

SCÈNE III

Les Mêmes, RENNELEY.

RENNELEY, qui a serré la main à Néris.

Jamais, je n'ai été mieux compris.

GERMAINE, se levant.

Ah ! vous m'écoutiez !...

RENNELEY.

Avec une joie que je ne vous dissimulerai pas. Je rentrais d'Ascain, les yeux fixés sur ce yacht, que vous avez dû reconnaître et dont la devise en dit tant ! Je l'avais attendu toute la journée d'hier, toute la matinée. Je venais de le découvrir dans le port, au tournant de la route, et je marchais vite, pour arriver ici avant la voyageuse qu'il amenait. (Néris et Germaine ont échangé un regard ; le visage de Germaine s'est éclairci.) La façon dont il se balançait sur ses ancres, insolent et coquet, éveillait en moi trop de souvenirs ; mais décidé à ne me rappeler que mes promesses, je m'affermissais dans la volonté de les tenir !...

GERMAINE.

Que je vous comprends!...

RENNELEY.

Aussi jugez de mon trouble, lorsque soudain j'entendis les premières mesures de cette mélodie. Quelqu'un était chez moi, qui par ma pensée s'ouvrait un chemin jusqu'à mon cœur, et je tremblais de ne pas deviner qui !... Ah ! Germaine, pardonnez-moi. Je voulais espérer que c'était Simonne !...

GERMAINE.

Je vous comprends encore !... C'eût été un tel désaveu de son passé, un tel engagement pour l'avenir, qu'il faudrait bien peu vous connaître, mon ami, pour ne pas discerner les causes de votre erreur, et n'en pas louer la noblesse.

RENNELEY.

Je ne vous méconnaîtrais pas moins, à mon tour, si je supposais qu'en une heure aussi grave, aussi décisive, vous eussiez le dessein de me flatter. De pareils sentiments sont indignes de vous et de moi. Nous valons mieux. Si donc vous cherchiez dans mon œuvre des sources d'énergie, c'est que cette œuvre vit : voilà la joie que vous m'avez donnée. Et il n'en fallait pas tant pour rendre ce moment précieux, cette rencontre inoubliable.

.GERMAINE, lui tendant la main.

J'en suis heureuse et fière, si ce doit être la dernière.

RENNELEY.

La dernière ?... Non ?...

GERMAINE.

Nous partirons demain pour Florence. Après, nous

irons à Rome, et de Naples nous nous embarquerons pour la Grèce. Combien de temps voyagerons-nous? Je ne sais. Mon père veut voir l'Egypte. Moi, je rêve de l'Inde. Un an, deux ans, s'écouleront peut-être, avant que nous nous revoyions, vous et moi...

RENNELEY.

Un an... ou un jour.

GERMAINE.

Ah ! ne dites pas cela !... Vous m'ôteriez mon courage.

RENNELEY.

Vous êtes une vaillante. Quoi qu'il advienne, nous n'aurons pas démérité l'un de l'autre.

GERMAINE.

Adieu.

RENNELEY.

Pas encore.

GERMAINE.

On ne coupe droit qu'en coupant vite.

RENNELEY.

C'est vrai. Adieu, Germaine.

NÉRIS.

Ah ! je vous admire. J'ai moins de courage que vous deux.

SCÈNE IV

Les Mêmes, LE DOMESTIQUE.

LE DOMESTIQUE.

C'est madame.

RENNELEY.

Ah !... Elle sait qui est là ?

LE DOMESTIQUE.

Non, monsieur.

RENNELEY.

Bien. (Ouvrant la porte de gauche. — A Néris et à Germaine.)
Venez ici. (Néris et Germaine sortent. — Au domestique.)
Si on vous interroge, vous n'avez vu personne. Fai-
tes entrer.

Le domestique sort.

SCÈNE V

RENNELEY, SIMONNE.

SIMONNE.

C'est moi !... Vous ne m'attendiez plus, peut-être ?

RENNELEY, souriant.

La preuve !...

SIMONNE.

Vous êtes un homme si ponctuel, si formaliste !...
Je suis en faute, puisque j'arrive en retard. Vous
pourriez m'opposer mon inexactitude, pour ne pas
remplir vos promesses. (Geste de Renneley.) C'est votre
droit.

RENNELEY.

Soit. J'y renonce.

SIMONNE.

Ah !... (Elle s'assied.) Je commence donc par m'excuser. Du moment que j'inaugure aujourd'hui une
existence nouvelle, il est juste que je change un peu

de manières. Je m'excuse. Ce n'est pourtant pas ma faute, ni celle de maman, si je me présente passé les délais prévus. Maman voulait partir malgré la tempête — elle vous estime beaucoup maman — moi, je serais partie, je l'avoue, avec moins d'enthousiasme, mais je serais partie : c'est Lord Driver qui nous a retenues dans le port de Santander, par amitié pour vous. Il ne voulait pas que vous eussiez sur la conscience, en cas d'accident, la noyade de deux femmes, dont votre belle-mère. Mon beau-père a de ces délicatesses.

RENNELEY.

Je m'en suis déjà aperçu.

SIMONNE.

Et vous l'approuvez ?

RENNELEY.

Complétement.

SIMONNE.

C'eût été cependant une solution, cela ?

RENNELEY.

Quoi donc ?

SIMONNE.

Eh ! mais, la noyade !...

RENNELEY.

Oh ! Simonne !...

SIMONNE.

Mais si ! Mais si ! Et très poétique. Rappelez-vous Paul et Virginie ! Je me vois étendue sur la grève, très pâle, les cheveux épars. Vous êtes à genoux près de moi. Vous sanglotez. Vous me demandez pardon !... A moins...

RENNELEY.

A moins?...

SIMONNE.

A moins que ma mort ne vous eût libéré dans des conditions inespérées par vous. Est-ce que je sais? Il y a des promesses que l'on fait de très bonne foi, mais que l'on voudrait bien être forcé de ne pas tenir.

RENNELEY.

Doutez-vous de ma loyauté ?

SIMONNE.

Soyez franc. Si je vous rends votre parole, épouserez-vous Germaine ?

RENNELEY.

Ce que vous me demandez, Simonne, il ne dépend pas de moi de vous y répondre. Mais ce que je puis vous jurer, c'est que, si vous redevenez ma femme, jamais — entendez-vous ? jamais ! — je ne reverrai Germaine.

SIMONNE, légèrement gouailleuse.

Ainsi, vous êtes prêt à me faire les plus grands sacrifices ?...

RENNELEY.

Je suppose que vous êtes dans les mêmes dispositions ?

SIMONNE, changeant de ton.

Eh bien, mon cher, voilà ce qui vous trompe. Je ne suis pas, moi, dans les mêmes dispositions.

RENNELEY.

Vous disiez, tout à l'heure ?

SIMONNE.

J'étais curieuse de savoir jusqu'où vous poussiez

l'aveuglement. Ah ! mon pauvre ami, quel mauvais observateur vous faites ! Mais nous sommes appareillés, vous et moi, pour traîner la roulotte du mariage, comme un grison avec un pur sang. Je piaffe, vous baissez l'oreille ; je galope, vous traînez la jambe ; vous êtes tenté par les chardons du pré voisin, j'aime à me griser d'air. Nous verserions au premier tournant.

RENNELEY.

Bah ! quand ce sera pour la vie, nous nous accom moderons...

SIMONNE.

Oui-da, comme vous ne pouvez pas courir, c'est moi qui devrai marquer le pas. Je les connais, vos accommodements !... D'ailleurs, il suffit que ce soit pour la vie... Je veux garder mon indépendance.

RENNELEY.

Nous y voilà !

SIMONNE.

Parfaitement.

RENNELEY.

Et, par indépendance, vous entendez le pouvoir de dire et de faire tout ce qui vous passera par la tête ? C'est bien cela ?

SIMONNE.

Si vous voulez.

RENNELEY.

Vivent les bêtes, alors ! Elles sont plus indépendantes que nous ! Elles suivent leurs instincts, sans autre souci que de les satisfaire, et il n'y a point de devoirs, de charges, de responsabilités qu'elles soupçonnent, si peu qu'elles aient de raison. Je voudrais être une bête, à votre place.

SIMONNE.

On est toujours une bête pour les autres.

RENNELEY.

C'est un autre point de vue... Mais l'indépendance n'est pas ce que vous croyez. Elle ne consiste pas à se laisser emporter au gré de ses passions. Bien au contraire! Il n'y a de vraie liberté que pour ceux qui savent s'imposer des lois. La liberté, c'est d'agir comme on veut; et ce n'est pas vouloir, que de céder au désir, à l'envie, à la colère, à l'influence d'un milieu, à l'entraînement d'une heure... Vous avez une excuse dans votre éducation. Mais l'éducation se refait, pour peu qu'on soit doué d'intelligence et d'énergie. Ecoutez-moi, Simonne. Je suis prêt à vous aider. J'y suis résolu. Voulez-vous que nous essayions?

SIMONNE, partant d'un éclat de rire.

Ah! ah! je le guettais!... Voilà le mari qui reparaît! Le pion!...

RENNELEY.

Ma pauvre Simonne!... Vous vous flattiez ou vous railliez, tout à l'heure, lorsque vous parliez d'existence nouvelle, et que vous vous disiez changée. Votre égoïsme demeure intraitable ; votre isolement, farouche : vous croyez que vous vous suffirez toujours!... Hélas! les années viendront, les maladies, les chagrins. Vous découvrirez trop tard que les liens, qui vous semblent si lourds aujourd'hui, s'allègent avec l'âge, et que tant d'assurances qui paraissent prises contre vous, les plus sages les prennent contre eux-mêmes.

SIMONNE.

Admettons que je sois folle !... Vous n'êtes pas le seul mari sur la place ? On en peut trouver d'autres ?... Vous n'avez pas la prétention de m'avoir dégoûtée du mariage ?...

RENNELEY.

A la façon dont vous l'entendez, je doute fort...

SIMONNE.

C'est mon affaire !

RENNELEY.

Méfiez-vous, craignez les surprises. Tout vous cédait quand vous m'avez connu. Je suis le premier qui vous ait résisté : j'ai été le premier adversaire ! .. Il y en aura d'autres, et nombreux, et d'autant plus nombreux que vous avancerez dans la vie...

SIMONNE.

Adieu.

RENNELEY.

Allons ! vous le voulez !...

SIMONNE, lui tendant la main.

Cela nous empêchera-t-il de rester amis ?

RENNELEY, lui prenant la main.

Si vous êtes sincère, voilà qui juge le divorce. Après tout, il répond assez à sa définition, à son but...

SIMONNE.

Qui est ?...

RENNELEY.

Vous le savez bien : la dissolution du mariage.

SIMONNE.

C'est dommage que vous soyez un moraliste. Il y

avait des heures tout de même, où vous oubliiez de l'être et où on oubliait que vous l'étiez.

RENNELEY, souriant.

Vrai?

SIMONNE, vivement.

Sotte que je suis ! Est-ce que je ne vais pas m'é-mouvoir ? Je me sauve. Adieu. (Renneley veut la suivre.) Non, non. Ne m'accompagnez pas. Puisqu'il faut se séparer, épargnons-nous les bêtises de l'escalier. Adieu.

> Elle sort. Renneley qui l'a suivie sur la terrasse, la re-garde s'en aller. — Un grand temps.

SCÈNE VI

RENNELEY, GERMAINE, NÉRIS.

GERMAINE.

Eh bien ?...

RENNELEY, venant à elle.

Vous cherchiez quelqu'un qui fût écœuré du di-vorce! Voulez-vous de moi pour compagnon de route ?

GERMAINE.

Ah ! si je veux de vous, mon ami !... Et pourtant, je n'ai jamais été plus triste. Pardonnez-moi, je suis comme celle qui s'en va, inquiète et compliquée.

RENNELEY, souriant.

Regretteriez-vous cette invention romanesque où votre instinct de femme vous a fait pressentir, peut-être, la réforme qui sauverait le mariage ?

GERMAINE.

Non. Avec vous, j'ai confiance.

Elle lui tend la main.

NÉRIS.

Oui. Aie confiance. Et si malgré tout, aujourd'hui, il se glisse dans ton bonheur un peu d'amertume, ne le regrette pas. Le bonheur s'achète toujours, et il se paie rarement d'avance.

Rdeau.

FIN